Full Inclusive Education

イタリアで見つけた共生社会のヒント

フル・インクルーシブ教育に基づく人々の暮らし

2019年度地域コアリーダープログラム・イタリア派遣団 編

あけび書房

はじめに

　本書は、内閣府の 2019 地域課題対応人材育成事業「地域コアリーダープログラム（障害者分野）」をとおして知り合った 9 人の侍（コアリーダー）が、日本とイタリアの「インクルーシブ教育」の現状、相違点、強みと弱み、課題や問題点、そして、両国の地域社会や文化・風土にどう影響しているかを、イタリア訪問半年前からの事前学習、実際に訪問した 10 日間の体験談、訪問後の一年をかけての分析をまとめたものです。

　インクルーシブ（inclusive）とは、「すべてを含んだ、包括した」との意味であります。

　イタリアの障害を有する子どもの教育は、通常学校で同級生と同じ科目を同じ時間に学ぶことが保障されていました。一方、日本の障害を有する子どもの教育は、通常学校内で特別支援学級と通常学級の併用や分離された特別支援学校への通学など、障害の有無や程度によって教育を受けられる環境は異なっています。

　イタリアの「インクルーシブ教育」を見て、日本の「インクルーシブ教育」とは明らかに違うと思いました。どちらが「良いか悪いか」ではなく、どちらにも強みや弱みがあります。両国とも長年培ってきた文化・風土が創り上げてきたものだと思います。

　また、私たちはイタリアで「知ることの大切さ、知ることで恐れなくなる。知れば知るほど、偏見はなくなる」「障害者施策はコストではなく投資である。また、負担ではなく資源である」「環境が人々を創りあげてしまう」「障害を有する人々のみが利用するものではなく、障害を

有する人々も利用できるものを創造する」などのイタリアの「インクルーシブ教育」の功績とも感じられる言葉・考え方をすべての訪問先で聞きました。2021 年現在の日本ではまだ稀な考え方ですが、とてもすばらしいと思います。

　「障害を有する人も有しない人も共に住みやすい社会」という考え方をしていくと、今日の多様性の時代にあっては、障害を「個性」として捉えることはもとより、あらゆる人が楽しく幸せな人生を送るための社会の実現という広い概念へとつながると思います。

　本書が多くの方々に読まれ、日本でも今まで以上に「インクルーシブ教育」が理解促進され発展し、そして誰もが光り輝く「地域共生社会」の実現に、本書が資するものとなることを心より願っています。感謝。

（塘林 敬規）

イタリアで見つけた共生社会のヒント
～フル・インクルーシブ教育に基づく人々の暮らし～
もくじ

第4章　障害のある人はイタリアで どのような暮らしをしているのか？　86

第5章　日本での共生社会実現に向けたヒント　104

※本書では「障害」と表記するよう統一しております。

　（詳細は122ページをご参照ください）

第1章

共生社会の実現に向けた
地域コアリーダープログラムとは？

　この章では、「共生社会」とは何かについてと、日本における障害者の昨今の法整備の動きについて簡単に説明をします。また、今回の体験記の元となった地域課題対応人材育成事業「地域コアリーダープログラム」の概要と魅力についても説明し、実際に私たちが参加したプログラムの派遣までの流れや訪問先を含む日程について紹介します。

　まずはこの章を通して、地域コアリーダープログラムの全体像を理解していただきたいと思います。

出発前研修時の派遣団員とコーディネーター（前列右から3人目）

❶ 共生社会とは？

「共生社会」とは、障害の有無だけでなく様々な状況や状態にある全ての人々が、お互いの人権や尊厳を大切にし、支え合い、共生する社会を指します。共生社会の実現については、日本でも障害者基本法第1条の目的で明記されています[*1]。また、同法の第8条では、国民は共生社会の実現に寄与するよう努めなければならないと、記されています。つまり、私たち一人ひとりが共生社会の実現に向けて、努力する必要があることを意味しています。

しかしながら、日本での障害と障害者を取り巻く実状では、分けられた特別な環境であることが多く、「共生社会」の実現にはより多くの人の理解を深め、現状の課題を解決していく必要があると考えます。

今回、イタリアに派遣された団員の一人である徳田は、「日本では障害者と関わることを『すごい』や『えらい』と特別視される傾向がある。これはすごく違和感があるし疑問を感じる……」と派遣前に語っていました。このような違和感や疑問を抱く要因の一つとして、日本の教育制度のあり方が紡ぎだす社会背景があるのではないかと思います。

日本の障害児教育は、国際的にみると multi track 方式（以下、インクルーシブ教育とする）と言われ、通常の教育と特別支援教育の2つが併設された制度であり、国連障害者権利条約で述べられている one track 方式（以下、フル・インクルーシブ教育とする）とは異なるとされています[*2]。

今回私たちが訪問したイタリアは、フル・インクルーシブ教育を1970年代から実践しており、イタリアの障害児は通常学級で同級生と同じ科目を同じ時間に学ぶことが保障されています。一方、日本の障害児は通常学校内で特別支援学級と通常学級の併用や特別支援学校への通学など、障害の有無や程度によって教育を受けられる環境は異なっており、日本とイタリアでは障害児教育のあり方が違います。

私たちが訪問した多くの視察先では、「インクルージョン」という言

葉が聞かれ、イタリア社会全体が「誰もが暮らしやすい社会になることを目指している」という印象を受けました。イタリアが実践するフル・インクルーシブ教育により、障害の有無にかかわらず同じクラスでの教育を受けることが保障される一方で、障害がない子にとっては違いを認め受け入れる機会となっているようです。障害がある子とない子が区別されるのではなく、同じ環境で学ぶことによって「共生社会」が形成される基礎として重要な考え方が育まれることを実感しました。

　日本での障害者の昨今の法整備の動きとして、2013年（平成25年）の障害と障害者に対する不当な差別的取り扱いを禁止し、合理的配慮の提供を求めた「障害者差別解消法」の制定があります。さらに、2014年（平成26年）には障害者の健康、雇用、教育、コミュニケーション、アクセシビリティ（インターネットなどの利用のしやすさ）など様々な権利や自由を享受できることを保障した「障害者権利条約」が批准されました。しかしながら、このような法律や条約の存在に対する社会的な認識は拡がっておらず、十分であるとは言い難い状況にあります。

　今後、障害と障害者に関わる医療・福祉の専門職に加え、教育・企業・行政など様々な立場の人達がベストを尽くし、良い方向性を探るのではなく、垣根を超えた協力体制を構築することが、「共生社会」の実現に必要であると考えます。

（中村 篤）

＊1　内閣府．〈https://www8.cao.go.jp/shougai/suishin/kihonhou/s45-84.html 閲覧日：2020.5.1〉
＊2　落合敏郎，島田保彦：共生社会をめぐる特別支援教育ならびにインクルーシブ教育の在り方に関する一考察 − Mary Warnock and Brahm Norwich(2010) の視点から − ．特別支援教育実践センター研究紀要（14）：pp27 − 41，2016

❷ 地域コアリーダープログラムの概要と魅力

　内閣府は、青年国際交流事業として「国際社会青年育成事業」「日本・中国青年親善交流事業」「日本・韓国青年親善交流事業」「東南アジア青年の船事業」「世界青年の船事業」「地域課題対応人材育成事業：地域コアリーダープログラム」の6つの事業を展開しています。

　この青年国際交流事業の一つである「地域課題対応人材育成事業　地域コアリーダープログラム（以下、地域コアとする）」は、2002年度（平成14年度）より「青年社会活動コアリーダー育成プログラム」として開始され、2016年度（平成28年度）に現在の名称に変更となり、これまでの17年間で432名の青年が海外に派遣されています[*1]。

　地域コアは、「多様な個人が能力を発揮しつつ、自立して共に社会に参加し、支え合う『共生社会』を地域において築いていくためには、住民や非営利団体、行政機関等による取組の充実が必要不可欠である」との認識の下、高齢者分野、障害者分野および青少年分野の課題解決に向けた取り組みに携わる日本青年を、先進事例のある外国に派遣し、各分野の課題対応の方策とともに、組織の運営、関係機関などとの連携および人的ネットワーク形成にあたって必要となる実務的な能力の向上を図ることを目的として実施されています[*2]。

　地域コアにおける派遣国は例年異なっており、2019年度（令和元年度）は、高齢者分野はオランダ、障害者分野はイタリア、青少年分野はフィンランドへの派遣となりました。また、青年海外派遣の効果を最大限に高めるため、派遣が実施される前後に、事前研修（3日間、事業の趣旨や派遣国などについての理解を深める目的）、出発前研修（2日間、派遣における最終準備などの目的）、帰国後研修（2日間、事業成果の取りまとめおよび報告会）も実施されました。さらに、日本派遣青年および外国青年招へいで来日した外国青年と共に多くのディスカッションを行う「NPOマネジメン

トフォーラム」も毎年開催されており、2019年度（令和元年度）は帰国後研修直後に合宿形式で行われました。

　次に、地域コアの魅力についていくつか紹介します。特にこれから本事業への参加を考えている人や海外青年との交流に興味がある人たちにとっては参考になるでしょう。本書をきっかけに多くの人たちが青年国際交流事業に応募・参加することで、私たちにとっても新しい仲間が増えることを期待しています。

● 同じ課題を抱えた青年たちとの出会いや学びがある
　参加青年の多くはすでに社会経験を有しており、社会で何らかの課題を抱えている、もしくは課題を解決したいとの思いを持った青年が集まります。そのため、全国から集まった同じ課題を持った分野の青年たちと大いに学ぶことができます。

● 自身が専門とする分野を超えた学びがある
　派遣以外のプログラムにおいて、高齢者・障害者・青少年と3つの分野を横断する学びの場も取り入れられており、分野を超えた学びの場があることも魅力的な要素の一つです。

● 事業参加後もネットワークを生かすことで、活躍の場が広がる
　内閣府の青年国際交流事業に参加した青年などが自主的に組織している事後活動組織に「日本青年国際交流機構（IYEO）」があります。地域コアへの参加だけでなく、事業参加後も事業参加の経験とネットワークを生かしながら、様々な形で社会に携わる活動を行え、さらなる活躍の場が広がります。

（中村 篤）

＊1　内閣府：内閣府青年国際交流事業報告書2019　令和元年度地域課題対応

人材育成事業「地域コアリーダープログラム」．pp251-252，2019

＊2　内閣府：2020年度参加青年の募集について．

（https://www8.cao.go.jp/youth/kouryu/bosyu-new.html　閲覧日：2019.4.6）

❸ 2019年度障害者分野 イタリア派遣について

　派遣4か月前に実施される事前研修（2日間）では、派遣国の理解を深めるために政府および外部講師による講義が開催されました。

　今回の講義ではイタリアの現状について、1970年代から取り組みが始まったフル・インクルーシブ教育の実践、バザーリア法の制定による精神病院の廃止、障害者雇用を促進する社会的協同組合の存在などについて説明を受けました。

　一方、日本の現状については、フル・インクルーシブ教育との違い、精神病患者の病床削減ができない、地域によってサービスに差がある、心理的バリア（差別や偏見）の存在など、いくつかの課題があることが見えてきました。

　これらの学びと各団員の立場から「約40年が経ったフル・インクルーシブ教育の現状と課題は？」「障害のある人は実際にどのような生活を送っているのだろうか？」「イタリアでは差別や偏見はないのだろうか？」「精神病院を廃止したイタリアでは地域で精神病患者をどのように見守っているのだろうか？」など、私たちには様々な疑問が湧いてきました。

　そこで、派遣先での学習内容と帰国後の実践目標として、団テーマには「イタリアにおけるインクルーシブ教育を基盤とした地域共生社会のあり方や風土を学び、多様性を認め合い、生涯を通して共に、暮らしをデザインする社会を目指す」を掲げ、さらに、団員それぞれが団テーマをベースに個人テーマを考え、今回のイタリア派遣に臨みました。

　訪問する機関や団体は、主催の内閣府と事業支援を行う一般財団法人

「青少年国際交流推進センター」(以下、推進センター) が調整を行いますが、事前研修で派遣国の理解を深めた私たちの団テーマに沿って考慮していただきました。今回、私たちが訪問したのは、ローマ、ボローニャ、ミラノにある教育・医療・福祉に関連のある施設や団体、行政機関、さらには障害者の自宅などです（表）。

　訪問先には、通常視察することが困難な小学校や障害者の自宅、それから、国や市の行政機関なども含まれていました。そのため、この貴重な体験を、本書を通じて紹介するとともに、本書を手にした学校教育に携わる教員、障害児の保護者、そして医療や福祉に携わる専門家など多くの方と共有することでこれからの障害児教育や障害者支援の一助となることを願っています。

（中村　篤）

表　2019 年度（令和元年度）イタリア派遣行程一覧

訪問日	訪問先
1 日目	（移動）成田⇨ローマ
2 日目	バチカン博物館 ホームビジット（アンジェルマン症候群を有する方の自宅）
3 日目	ホームビジット（ダウン症候群を有する方の自宅） ローマ市内視察
4 日目	在イタリア日本国大使館 家族・障害担当省 ローマ市役所
5 日目	筋ジストロフィー・イタリア組合 神経筋オムニ治療センター スペシャルオリンピックス・イタリア協会
6 日目	アントニオ・ロスミニ小学校 社会的協同組合　全国協同組合連合会 ※ローマ⇨ボローニャ⇨ミラノに移動
7 日目	カリプロ財団 視覚障害研究所
8 日目	サンラファエレテレソン遺伝子療法研究所 マジカ・ムジカ協会
9、10 日目	（移動）ミラノ⇨ローマ⇨成田

第2章

日本とイタリアの教育について

　共生社会を築くうえで教育が人々に与える影響は大きいです。

　この章では日本とイタリアの障害児教育の違いを歴史的な背景を踏まえて解説します。そのうえで、視察したイタリアでのフル・インクルーシブ教育の現場について記します。システムの違いだけでなく、その基に考え方の違いがあることに気付いていただければと思います。

1 フル・インクルーシブ教育と
インクルーシブ教育の違い
～日本の障害児教育の歴史とインクルーシブ教育の考え方～

　インクルーシブ（英：Inclusive）とは日本語で「包摂」や「包括」と

イタリアで視察したアントニオ・ロスミニ小学校

訳されていますが、あまりなじみがない言葉なので、日本語訳では分かりにくい印象があります。一方でインクルーシブの対義語としてエクスクルーシブ（英：exclusive）があり、「排除」「排他的」と訳されます。つまり、インクルーシブは「排除しない」という意味になり、対義語から考えるとインクルーシブという言葉をイメージしやすいのではないかと思います。

　また、教育場面においては、インクルーシブ教育という言葉も用いられており、これは「特別なニーズのある児童とない児童が共に学ぶ」と解釈することができます。

　現在、日本では特別なニーズが必要な子どもが教育を受ける場合、3種類の学び方があります。1つ目は「特別支援学校（旧：養護学校）・盲学校・聾学校」での学びです。2つ目は地域の学校に設けられた「特別支援学級」や「通級指導教室」での学びです。3つ目は「通常の学級（障害のある人とない人が共に学ぶ）」での学びです。

　一方、イタリアの場合では、インクルーシブ教育が実践されているため、上記した日本における学び方の3つ目「通常の学級（障害のある人とない人が共に学ぶ）」での学びしかありません。つまり、日本の特別支援学校・盲学校・聾学校や特別支援学級や通級指導教室はイタリアには存在しないということです。歴史的・文化的な違いからこのような違いになったのですが、同じインクルーシブ教育でも、その差は大きいと考えられます。

　そのため本書では、日本とイタリアのインクルーシブ教育は概念や構造において異なっているということを明確にするために、イタリアのインクルーシブ教育をあえて「フル・インクルーシブ教育」と表記することとします。

　さて、ここからは、日本の障害児教育について歴史的変遷を交えて記します。日本の学校教育制度の原点は、江戸時代後期の寺子屋になりま

すが、その頃から盲・聾児に対する指導もなされていました。このような背景が障害児教育の原点となり、1878年（明治11年）には「京都盲唖院（現在の京都府立盲学校）」が設立され、障害児教育が始まりました。

　その後、障害児施設（知的障害児施設・肢体不自由児施設）や病弱児施設の設置と同時に、教育機関も併設され、施設に入所している児童にも教育を受ける機会が与えられました。しかし実際には、障害者施設や教育機関は少なく、あっても遠方で通学できないなど学習環境の整備が遅れていたため、就学猶予・就学免除が適用されて学校教育を受ける機会はほとんどありませんでした。

　戦後の1956年（昭和31年）に、「公立養護学校整備特別措置法」の制定をきっかけに日本全国に養護学校が整備され、さらに1979年（昭和54年）の養護学校の義務制実施（就学猶予・就学免除の廃止）を経て、障害児の全員就学へと至りました。当時は、障害児は施設で保護し教育を保障するという考え方でした。

　一方、世界では1950年代からノーマライゼーションの理念が広がりつつあり、1981年（昭和56年）には国際連合が「国際障害者年」を宣言しました。このような背景を受け、日本でも分離教育から統合教育への流れができつつあり、1993年（平成5年）に通級制度が開始されました。また、2007年（平成19年）には特別支援教育が開始され、LD（学習障害）、AD/HD（注意欠陥／多動性障害）、高機能自閉症などの発達障害児も対象となりました。さらに通常学級での教育も特別支援教育とし、名称もそれまでの養護学校は特別支援学校に、特殊学級は特別支援学級へと改定されました。また、医療や福祉・就労との連携を図り、乳幼児期から青年・成人期までを見通した支援体制のなかに特別支援教育を位置づけました。対象となる児童には、個別の教育支援計画が策定され、学校内外との連携を推進する目的で特別支援コーディネーターや学校内の校内委員会が設置され、連携における体制整備が進められました。

　しかし、世界では1994年（平成6年）の「サラマンカ宣言」がユネス

コの国際会議で採択されたのを受け、さらに新たな理念であるインクルーシブ理念が取り入れられました。この声明では学校に通うことができない子どもたちを「特別な教育的ニーズ（Special Educational Needs）のある子どもたち」と定義づけ、対象を障害のみならず紛争や貧困など様々な理由で教育を受けることができない全ての子どもたちとの考え方に拡大されました。

そのため日本でも文部科学省は、「特別支援教育の在り方に関する特別委員会：2010年（平成22年）」の開催や、「共生社会の形成に向けたインクルーシブ教育システムの構築のための特別支援教育の推進（報告）；2012年（平成24年）」を報告しました。

その報告には「1．共生社会の形成に向けて」「2．就学相談・就学先決定の在り方について」「3．障害のある子どもが十分に教育を受けられるための合理的配慮及びその基盤となる環境整備」「4．多様な学びの場の整備と学校間連携等の推進」「5．特別支援教育を充実させるための教職員の専門性向上等」などが記されています。

「1．共生社会の形成に向けて」の中には「基本的な方向性としては、障害のある子どもと障害のない子どもができるだけ同じ場で共に学ぶことを目指すべき」と記されています。しかしながら一方では、連続性のある「多様な学びの場」を用意しておくことが必要であるとも記されています。

つまり、「特別支援学校・盲学校・聾学校」も「特別支援学級」も「通級指導教室」も「通常の学級」も全て必要であり、必要に応じて選択できることが望ましいと記されています。

その理由として、個別の教育的ニーズのある幼児児童生徒に対して、自立と社会参加を見据えて、その時点での教育的ニーズに最も的確に応える指導を提供できる多様で柔軟な仕組みを整備することが重要であるとしています。それぞれの子どもが、授業内容が分かり学習活動に参加している実感・達成感を持ちながら、充実した時間を過ごしつつ、生き

る力を身に付けていけることが本質的な視点であるとしています。

　また、現在の日本では教育上の合理的配慮は努力義務であり、教育委員会やひいては担任の先生の経験や技量によって、その配慮の考え方や方法は異なってきます。子どもの能力は一人として同じ状態ではなく、障害の有無にかかわらず個人差が大きく、また家庭環境や成育状況などのバックグラウンドも異なります。本来はハンディキャップを抱えた児童のみならず、学力が高い子どもにも適した個別の教育支援計画を策定する必要もあり、全ての子どもにとって必要な支援であると言えます。

　このような多様な個性を持った子どもたちの個別の教育的ニーズを満たすためには、専門性かつ柔軟性を持った教職員が必要になってきます。さらに、医療・保健・福祉・地域社会資源など教育以外での専門的な知識や情報も必要となってくるため、教育施設以外との連携も重要となってきます。

　さらに、盲・聾・肢体不自由児・病弱児に対する教育施設のバリアフリー化や、情報機器を用いたアクセシビリティの向上などハード面における環境整備も必要になるため、経済面での負担も大きくなってきます。

　このようにインクルーシブ教育を進めるうえで今の日本ではまだまだ課題が多く、イタリアが実践しているフル・インクルーシブ教育を実現するには時間・人・技術・お金も必要となってきます。

（川野 琢也）

参考文献

高橋純一，他：障害児教育におけるインクルーシブ教育への変遷と課題．人間発達文化学類論集（1）：pp13-25，2014

湯浅恭正：よくわかる特別支援教育第 2 版．ミネルヴァ書房，2018

文部科学省：共生社会の形成に向けたインクルーシブ教育システムの構築のための特別支援教育の推進（報告）．2012（https://www.mext.go.jp/b_menu/shingi/chukyo/chukyo3/044/attach/1321669.htm　閲覧日：2021.2.15）

日本児童教育振興財団編：学校教育の戦後 70 年史．小学館，2016

❷ イタリアでのフル・インクルーシブ教育の歴史

イタリアはフル・インクルーシブ教育を実践して約40年になります。障害の有無や年齢にかかわらず、全ての子どもたちが通常の学校に入学することが保障されています。

現在、フル・インクルーシブ教育が実施されているイタリアも、1928年に盲・聾学校が義務教育化されており、イタリアの障害児教育でも分離教育が行われていた歴史があります。

その後、1960年代に入り、世界中で伝統的な古い考え方に対して社会変革を要求した学生運動（大学紛争）が起きました。イタリアでも、1969年の民主化運動「Autumno Caldo（熱い秋）」や学校民主化運動などがイタリア全土を巻き込み、その流れによってインクルージョンに向けた法改正が行われたと言われています。このような社会背景から、イタリアの教育分野でも分離教育から統合教育へと転換する動きが始まりました。

1971年に制定された法律第118号では「義務教育は通常の学級で行われるべきである」と定められました。そのため実際には、障害が重篤で通常の学級での学習が難しい場合でも、法律上、教育は通常の学級で行わなければなりませんでした。

その後、1975年にファルクッチ委員会による報告が行われ、義務教育段階の統合教育について、公教育省による通達が出されます。この通達では、クラス内の障害児の有無によってクラスの人数が増減されることや、大学で教育学を学んだ支援教師が配置できることなどが盛り込まれました。さらに、教材の開発の必要性や柔軟な時間割の考慮についても触れられました。

このような流れを受け、学校教育に対する考え方において、教育とは、「一人ひとりの個性に応じて可能性を引き出すこと、子どもたちが相互に成長することを目指していること、音楽や体育の交流で済まさないで、全ての授業を一緒に受けることが大事である」との考え方に変容していきました。また、障害児に限らず、困難を抱えている子への対応が大切であることなど、それまでの学校観を転換させて、学校が子どもに合わせていくという考えが必要であると確認されるようになりました。*1

　1976 年には視覚障害児の統合教育の法律も定められ、1977 年の法律第 517 号によって、障害の種類や程度にかかわらず普通学級に受け入れる制度が完成しました。重度の障害のある子も含む全ての子どもがみんなと同じ学校に通い、同じクラスで教育を受けられるという全ての子どもの統合教育という法的制度の実現がなされました。

　この法律第 517 号では、障害のある児童生徒が存在する学級の児童生徒数や支援教師の配置など具体的な規定が定められています。この法律により、全ての特別学校の廃止が決定し、「学校の統合」の推進が始まりました。

　その後も学校教育に関する改革は進められ、1988 年の法律第 262 号では、後期中等教育における障害児の通常学級での受け入れが規定され、幼稚園から高等学校までの全ての障害児の統合が法的に保障されました。さらに、1992 年には法律第 104 号に基づき、学校、家庭、地域保健機関、行政機関が連携し、大学を含めた全ての段階での統合が規定され、また、その対象は障害の程度によらない全ての障害児となりました。*2

　1994 年に出された大統領令では、Individual Educational Plan（IEP:個別教育計画）の作成のために、学校、AUSL（地域保健公社※）、家族が協力することも規定されています。そのため、イタリアでは支援教員、

学級小規模化、個別教育計画の作成、関係機関との連携協力などが実施されています。^{*3}

※ AUSL（地域保健公社）について

AUSL（azienda unita sanitaria locale）または ASL（azienda sanitaria locale）は、イタリアの医療サービスを担当している公的機関です。今回の視察では AUSL を訪問することができず、実際にどのような業務を担っているのか伺う機会はありませんでした。以下、黒田学編『ヨーロッパのインクルーシブ教育と福祉の課題』（クリエイツかもがわ、2016）^{*4}から抜粋して、AUSL の役割を補足します。

武分は、「AUSL は予防、治療、リハビリテーションサービスを直接供給し、障害児・者支援では多大な役割を果たしている」と記しています。

仲は、「公的機関と民間の関連機関などをつなぐリハビリテーションセンターの中心である。ボローニャ地域にある AUSL『コンテ・ロンカーティ』は、心理学者、医師、社会福祉士、リハビリ医、エンジニアなど他分野にわたる 100 人の専門家が、障害者の診断、アドバイス、訓練、調査を行っている。診療エリアには、①自閉症センター、②言語と認知の地域リハビリセンター、③小児リハビリ医学センターがあり、支援エリアには④アパートメント、⑤技術補助センター、⑥地域補助センターがあり、6 つの組織が連携して活動している」と記しています。

黒田は、「AUSL は地域保健サービスの広範な役割を持つなかで、0 ～ 18 歳の子どもに対しては、地域保健福祉を担当しており、AUSL の病院・小児神経科とコムーネ（地方自治体）の社会サービス部門が、障害の診断や認定、生活機能に関する書類を作成し、他機関とともに個別プログラムを作成する」としています。また、学校卒業後の障害者の就労についても、AUSL、コムーネ（地方自治体）、州の各機関が障害の程度や専門就労訓練期間での訓練内容に応じて、「保護雇用」「補助金に基づく雇用」「一般雇用」を準備していると記しており、AUSL を軸にしてライフステージに沿った

サービスが展開されているとしています。担当地域の特色に応じて「地域計画」を3年ごとに作成しているとも記しています。

　つまり、イタリアでのAUSLは障害を持たれた方の支援計画だけでなく、医療・福祉・教育機関など関わりのある全て機関とのコーディネートを担っており、フル・インクルーシブな教育・社会を築くうえでも重要な役割を担っている機関であると考えられます。

　近年では、2009年に教育省により障害のある児童生徒の学校段階でのインクルージョンに関するガイドラインが発行されました。

　そして、2010年に学習障害のある子どものための法律第170号が制定され、学習障害を知的障害と区別して学校教育を保障することが規定されました。

　このように、イタリアのフル・インクルーシブ教育は長年かけて法律によって改定を加えながら、現在に至っています。フル・インクルーシブ教育が始まる前にあった特別学校は現在71校が存在しており、その専門性を保持しながら、逆に健常の子どもを受け入れる形でインクルーシブな教育を実現しているとの報告があります。[*5]

　日本のように通常学校と特別支援学校を障害の有無によって区別するのではなく、双方向に通えるシステムによりイタリアでは特別学校もインクルーシブ教育を支える一つの場となっていると考えます。

　もちろん、イタリアでのフル・インクルーシブ教育が完璧かというとそうでもなく、後述するように課題もいくつか抱えていました。そのため、イタリアが長年実践しているフル・インクルーシブ教育の歴史や現在抱えている課題、教育での成果を理解することで、今後日本における障害児教育にどのような実践が求められるのか、比較する材料になると考えます。

（中村　篤、川野 琢也）

＊1 堀智晴：イタリアのインクルーシブ教育の歴史に学ぶ．福祉労働（129）：pp132-136，2011

＊2 一木玲子：イタリアにおける障害児のインクルージョンの一事例．教育制度学研究（12）：258-264，2005

＊3 韓昌完，小原愛子，他：日本の特別支援教育におけるインクルーシブ教育の現状と今後の課題に関する文献的考察－現状分析と国際比較分析を通して－．琉球大学教育学部紀要（83）：pp113-120，2013

＊4 黒田学編：ヨーロッパのインクルーシブ教育と福祉の課題．クリエイツかもがわ，2016

＊5 インクルーシブ教育システム推進センター・調査・国際担当・国別調査班：諸外国における障害のある子どもの教育．国立特別支援教育総合研究ジャーナル（6）：pp102-118，2017

③ 現在のフル・インクルーシブ教育の現場 （アントニオ・ロスミニ小学校）

■イタリアと日本の小学校学級編成の違い

　日本では障害の重症度や学習進度などによって、通級指導教室の利用や特別支援学級、特別支援学校への通学などに分けられます。特別支援学級の学級編成の標準は1クラス当たり8人で支援学校は6人です。

　イタリアのクラス編成は標準で1クラス当たり27人で、日本に比べ13人少ない状況です（表）。

表　イタリアと日本の学級編成の違い

	クラス編制の標準	1クラス当たりの平均人数 （2017年OECDデータより）
イタリア	27人	19.1人
日　　　本	40人（小1は35人）	27.2人

　また、1クラスに障害児は2人までと決まっており、障害児が1クラスに1人いた場合、そのクラスの上限人数が25人となります。2人いた場合には、上限人数は22人になります。就学時に障害児が同クラスに3人以上入ることはできないため、その場合は他の学校に分けなくてはなりません。

　入学時に障害児であると認定されているかどうかを基準にクラス編成が行われ、以後クラス編成はありません。学年が上がる段階で障害が認められる場合は、結果としてクラス内の障害児の人数が増えるということもあります。

■アントニオ・ロスミニ小学校ってどんなところ？

　ローマ市内にあるアントニオ・ロスミニ小学校（Antonio Rosmini Primary School）は公立学校です。この学校には電動車いすを利用する児童、糖尿病や癌の疾患がある児童や自閉スペクトラム、ダウン症候群、知的障害、ADHDなどを有する児童も在籍していました。

　サポートを受けながら、障害の有無にかかわらず同じ場で教育を受けています。イタリアの小学校は5年制で、クラス替えはありません。アントニオ・ロスミニ小学校は、訪問時は1学年に2クラスもしくは3クラスあり、合計で11クラスでした。

■今回の訪問について

アントニオ・ロスミニ小学校は音楽教育に力を入れており、児童たち
が音楽で私たちを歓迎してくれました。児童の表情はにこやかで、柔ら
かく、とてもアットホームな雰囲気であったことが印象的でした。その
後、校長先生より今回の訪問の流れの説明を受け、各クラスを視察しま
した。
　私たちが最初に見学したのは３年生の授業でした（写真①）。

写真① 授業の様子

　現実の話からイメージを膨らませて自分のオリジナルの物語をつくる
という国語の授業中でした。クラスには担任を含め、大人が３名いまし
た。その中には保護者の方もいて、学習のサポートを行っていました。
　このクラスだけでなく、他のクラスにも授業を中心にすすめる担任の
他に以下の方々が教育に関わっていました。

① 補助教員〔教育大学研究省※からの派遣〕
　障害児を中心に学習のサポートや、クラス全体が行っている活動への
参加を促す役割があります。最も大切なことは「障害児と他の児童たち
をつなぐサポートをすること」だと、校長から説明を受けました。

教育全般に係る政策を所管する。学校制度や教育・職業訓練の目標、教育財政、高等教育政策、大学の質の保証、教育に関する国際協力などに責任を負っている。（引用：文部科学省ホームページ）

② 基礎アシスタント〔コムーネ（地方自治体）からの派遣〕

トイレ介助や食事介助などが必要な児童に対して介助を行います。ただし介助員が常にいるとは限らず、学校によって違いがあるそうです。そのため、介助員だけでなく補助教員や学校の用務員も必要に応じて介助を行います。介助員は多くの場合、同時に２つのクラスを受け持っています。

③ 専任講師〔学校が雇用〕

演劇や音楽、陶芸など、「表現」に関する活動に関しては外部の専任講師が授業を行っています。見学した授業では男性講師がギターを弾きながら児童と一緒に歌ったりボディーパーカッションをしたりして音楽を通した「表現」の学習をしていました。

④ 保護者

義務ではありませんが保護者も学校の活動に参加することがあります。保護者が学校の活動に参加することによって、クラスにどのような課題があるかを実際に見ることができます。加えて、教室の環境を家庭的にするという効果があると考えているそうです。また、障害のある児童の保護者が学校の中に入ることにより、自分の子どもが学校で何をしているのかが分かり、子どもの学校生活と家庭生活が繋がるとのことでした。

⑤ セラピスト〔AUSL（地域保健公社）からの派遣〕

必要に応じて教師と協力することや、クラスの観察、教師に対して研修やトレーニングを行います。

　⑥　ボランティア
　地域のボランティアも学校内での活動をサポートします。

　私たちが見学中に他の教室に向かう際、廊下には用務員の方が2名デスクに座っていました。用務員の方は事務的な作業だけでなく、児童たちを見守る役割や、介助員が不足している時には障害のある児童の介助にも入ることもあるそうです。

　1年生のクラスは、パソコンを使いながら国語の授業をしていました（写真②）。先生が言った言葉をマットの上の文字カードを組み合わせたあと、1人1台あるパソコンで打ち込む活動をしていました。パソコンは学校全体で2クラス分のみなので、すべての児童が毎日使うことはできず交代で活用しているそうです。

　教室内の環境は掲示物や置かれている物も多く、視覚的な刺激が多い印象を受けました。日本の特別支援学校では、児童が学習に集中しやすくするために環境整備に気をつかっている学校が多いです。そのため、この教室環境の中で自閉スペクトラム症のある児童や感覚過敏のある児童が集中して学習することができるのだろうかと疑問を感じました。

　担任の先生に質問をすると「そのような課題がある児童はできるだけ他の児童たちに手伝ってもらってクラスの環境に入れるようにしている（ピアtoピア……同じような立場の人によるサポート）」と答えました。

　一方で、廊下には学習机と椅子が設置してありました。ここは教室で過ごすことができない児童やカームダウン（気を静めること）が必要な児童が使用しています。また、少人数での学習の方がよい場合は補助教員を活用し、少人数のグループでの活動をします。

　このように、初めから適応しやすい環境づくりに配慮するというより

写真② パソコンを使用した授業の様子

は、その時々に合わせて配慮をしている印象を受けました。

　体育の授業では、体操服に着替えずにそのままの服装で授業を行って
いました。厳しい体育の授業ではなく、身体を使ったレクリエーション
を障害の有無にかかわらず共に楽しんでいる印象を受けました。電動車
いすを使っている児童もいましたが、電動車いすを操作しながら同じプ
ログラムを一緒に取り組んでいました。

■イタリアの障害児に対する学習の保障

　通常は教育大学研究省が定めた教育目標に基づき授業が実施されま
す。知的障害などがありその目標と発達段階が合わない児童の場合は、
学校が主体となり児童ごとにインクルージョンのためのワーキンググ
ループがつくられます。

ワーキンググループは１年に３〜４回ほどミーティングを行います。ミーティングでは家族やセラピスト、教員、補助教員、校長、必要に応じてAUSL（地域保健公社）の神経科の医師が加わって協議をし、その児童の発達段階に合わせた個別教育計画を作成します。

　また、家庭でセラピーを受けている児童や病院で治療を受けている児童もいます。ミーティングを行うことで、セラピーの内容や治療内容を知り、一貫した個別教育計画を作成していくことが大切だと、校長先生が答えていました。

■医療的ケア児や、重度障害のある児童に対しての対応

　アントニオ・ロスミニ小学校には重度の糖尿病の児童がおり、昨年度はAUSL（地域保健公社）から派遣された看護師が毎日の血糖値をチェックしに来ていたそうです。現在は看護師から方法を習った教員や補助教員がその役割も担っているので毎日来る必要はありません。

　また、てんかん発作を有する児童に対しては、発作があった時には看護師ではなく教員が対応をすることも多いそうです。AUSL（地域保健公社）の方による、教員のための研修も行われます。

　疾病や免疫に関する問題があり通学が困難な場合は、教員が家庭訪問をして学習を進めることやスカイプを使って家から授業に参加するなどの工夫を行います。けがや病気になった時に障害認定がされた場合は制度に乗ることができ、支援の先生がつくなどの対応が取られます。

　障害認定がされない場合もあり、その際は学校ができる範囲で児童のニーズに応えるとのことでした。

■もっと詳しく知りたい！（団員が疑問に感じたことを質問してみました）

Q）重度の障害がある場合も学校に通うことができるのですか？

A）重度障害で呼吸器などの機械が必要で学校が対応できない場合であっても、学校に通うのかどうかは保護者が決めます。学校は保護者から入学の申請があった場合、何があろうと受け入れる義務があるのです（校長）。

Q）過去の事例を教えてください。
A）この学校ではないですが学校に治療所を併設したケースもあると聞いています。ただし、重度の障害のある児童の教育についてはまだ十分に議論されていない側面があります（校長）。

Q）インクルーシブ教育の課題について教えてください
A）中学校まではよいのですが、その後にはまだ課題が残ります。高校はインクルーシブ教育のための十分な資源がないし、その後社会に出るとその状況はさらによくないです（校長）。

Q）インクルーシブ教育をどのように思っていますか？
A）インクルーシブ教育によって交流が生まれお互いの違いを恐れなくなりました（教員）。
　　インクルーシブ教育は本当に素晴らしいです。課題はまだまだあるが、方向性は正しいと思います（保護者）。
　　時々けんかもするけど仲良し。みんな違って、みんな同じ（児童）。
　　他の友達と比べて悔しくなることもあったけれど、他の周りの友達がいたから乗り越えられました。（Sさん　ダウン症候群）。

　これらの言葉によって、インクルージョンが差別や偏見を緩和するために必要かつ重要なことであると強く印象を受けました。

■学びのポイント

・学校は全ての児童を受け入れる義務がある。
・1クラスに在籍する障害児の人数が決められている。また、障害児の人数により1クラスの人数の上限が決まる。
・教員だけでなく、保護者やボランティアなど多くの大人が学校教育に携わっている。
・教育大学研究省が決めた目標と発達段階が合わない知的障害などがある児童の場合は、家族やセラピスト、教員、補助教員、校長、必要に応じて AUSL（地域保健公社）の神経科の医師が加わって協議をし、その児童の発達段階に合わせた個別教育プランを作成している。

■訪問してみて印象的だったことは？

　学校内にいる大人が教員だけではないことが印象的でした。民間・福祉・NPO なども携わっており、共にフル・インクルーシブ教育の実現に向けて動いていました。
　今回の訪問では、自傷や他害があるような重度知的障害のある児童や全介助を必要とする肢体不自由の児童には出会いませんでした。一部、学校に通っていない児童がいるという点ではフル・インクルーシブ教育だとは言えないかもしれないという印象も抱きました。
　また、イタリアでフル・インクルーシブ教育を行ううえでもいくつかの課題があることが分かりました。その一つとして、各学校間や地域によって資金・環境の格差があることです。本来ならば様々な障害への対応を学ぶ必要がありますが、教員は十分に研修やトレーニングを受けることができない状況にあることも課題のようです。
　今回の視察中、支援体制が整っていない状態でのインクルーシブは差

別や偏見を助長する恐れがあるという言葉を聞きました。学校卒業後の社会生活では、共に過ごす機会は減り、障害がある人と障害がない人が区別されている現状などもあるそうです。

　そのような状況であってもイタリアのフル・インクルーシブ教育のすばらしさについて語る方が多く、否定する方には出会いませんでした。

　義務教育だけでなく保育園でもインクルージョンを進める法律ができたことを見ても、イタリアではフル・インクルーシブ教育が大切な国の方針の一つになっていることが伝わります。

　イタリアの教育現場では、まずは分けないこと、そして、教員や周りの大人が「児童の特性に合わせたサポート」を行い、インクルージョンの視点を持って子どもたちにかかわっていました。そこは、その人がその人でいられることを保証される空間だったように思います。

（奥 結香）

第3章

障害のある人を支える 様々な機関や団体

　前章では、イタリアのフル・インクルーシブ教育の現状についてお伝えしてきました。イタリアの教育における"インクルージョン"には、学校だけで実現されているものではないことをご理解いただけたのではないでしょうか。

　今回の派遣で訪問したフル・インクルーシブ教育に関わる機関や団体、教育以外でも社会でのインクルージョン・共生社会に関わる機関や団体について、本章にて記載していきます。

　各項目では詳細に機関の紹介がしてあるため、ここではインクルージョン実現のためのイタリア社会の連携について述べていきます。

イタリアの様々な機関を見学し、連携を目にするイタリア団

■1 フル・インクルーシブ教育を支える イタリア社会の連携

　1970 年代から始まったイタリアのフル・インクルーシブ教育ですが、開始当初は機関や組織の連携は乏しかったようです。その後、1992 年の法律第 104 号で「学校」と「家族」と「地域保健機関」の連携が提案され、障害児の保護者も個別教育計画へ主体的に参加するようになりました。また、学校の職員も AUSL（地域保健公社）が派遣する医療専門家の協力を得て知識を深めていったようです。

　イタリアにはコムーネという日本でいう市町村にあたる地方自治体があります。AUSL（地域保健公社）は、学校に必要な介助員や派遣員のコーディネートを行い、コムーネと学校のかけ橋のような存在です。コムーネは社会的協同組合とも契約し連携しています。

　このように、フル・インクルーシブ教育を実現するため、学校・コムーネ・社会的協同組合などが連携しています。

　また、個別教育計画に関して州やコムーネも積極的に協力することが義務付けられています。まず、医師や医療専門家による機能診断がされ、個別教育計画には心理教育の教員・クラス担任・補助教員・家族・AUSL（地域保健公社）の職員が関わっています。これらは進学するたびに学校へ提出され、それを元に教育委員会を通じ必要な人材が派遣されます。

　このように障害児に関わる関係者全員が連携し計画を作成することで、それぞれが専門性を活かしながら協働し、障害児の支援につながっています。

　現在、イタリアの社会には学校のようなインクルージョンな場所があります。一方で、障害に特化した専門的な内容の場も十分に準備されて

います。

　例えば今回の訪問先では、身体障害が専門の「筋ジストロフィー・イタリア組合」や、知的障害のスポーツを行う「スペシャルオリンピックス・イタリア協会」、視覚障害者の支援を行っている「視覚障害研究所」です。このような障害当事者団体などの専門的な団体や機関は独自の教育機能を持っています。それらは、障害別の専門的な内容に関して学校（教育機関）に対し指導や情報提供をすることでフル・インクルーシブ教育を支えています。

　具体的には、筋ジストロフィー・イタリア組合は、学校と協力して子どもたちが車いすの体験などを通して多様性を学ぶ機会をつくっています。スペシャルオリンピックス・イタリア協会は、体育の授業に参加し、知的障害児に対する支援方法について指導や助言をしています。視覚障害研究所は、視覚障害児個人に合った大きさの文字の教科書の作成や点字の教科書の作成、立体的な教材の作成・貸与などを行っています。

　ボローニャの場合は、CADIAI という社会的協同組合がエデュケーター（教育専門家※）を派遣し、障害児のプログラムを作成し学校と共有しており、エデュケーター自身も週に数時間は対象児のクラスで関わっています。AUSL（地域保健公社）からは、看護師の訪問や、教員への処置方法の指導なども行われています。

※エデュケーター（教育専門家）

　　エデュケーターは障害児の自立を目的とし支援する学校に派遣される教育専門家です。大学で州が認める資格が取得できますが、州によって異なります。自治体から依頼があれば委託を受け学校に派遣されます。州により学校での業務内容も変わり、配置人数も異なります（見学したローマの小学校にはいないようでした）。

　　業務内容としては、対象児が学校生活で自立できるように教員と協力し教育プログラムを作成します。授業を理解しやすいように補助も行うこと

や、時には訓練を行うこともあるようです。また本人だけではなく、クラス全体の関係性に関しても働きかけをします。

　このようにイタリアでは、様々な専門の機関や人が関わり、インクルージョンのために協働し実践されています。

■その他の共生社会実現のための連携

　フル・インクルーシブ教育を進めたイタリアでは、生活の場面でも共生社会を実現するために、インクルージョンな場が存在しています。

　例えば、社会的協同組合は社会的に立場が弱い方の就労を行なっており、多様な方と働ける環境があります。また、イタリアの中にあるバチカン市国のバチカン博物館では多様な障害の方が来場し、楽しむことができるように、建物のバリアフリー化をはじめたくさんの工夫がなされています。マジカ・ムジカ協会では、多様な方々がオーケストラに入るなど、趣味や余暇の分野でもインクルージョンな場が準備されています。また、市役所などのコムーネ単位で市民の生活を支えています。

　これらのように様々な機関の連携により、イタリアの社会の中において分けられた場ばかりではなく、インクルージョンな場が作られています（図）。共生社会をフル・インクルーシブ教育だけでなく、様々なインクルージョンの場が支えています。次のページからその機関ごとの詳細を紹介します。

（徳田 千帆）

参考文献

＊大内 進，藤原紀子：イタリアにおける国際会議「第7回学校におけるインクルージョンの質（7 Convegno Internazionale La Qualit? Dell'integrazione scolastica）」報告．世界の特別支援教育（25）：pp29-38，2011

＊藤原紀子：イタリアにおけるインクルージョンの変遷と1992年第104法．世

界の特別支援教育（24）：pp67-77，2010

＊一木玲子：イタリアにおける障害児のインクルージョンの一事例．教育制度
学研究（12）：pp258-264，2005

図 インクルージョンな場である教育や生活に関わる機関
※下線は今回の訪問先

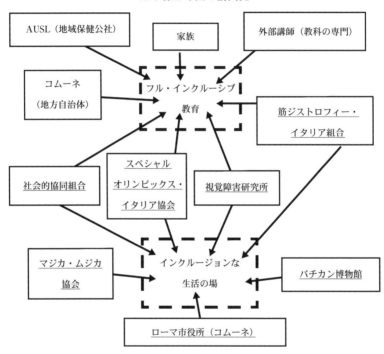

② バチカン博物館（Musei Vaticani）

■バチカン博物館ってどんなところ？

イタリアのローマにある都市国家であるバチカン市国の北部に位置
し、イタリア美術の膨大なコレクションを誇る世界屈指の博物館です（写

写真① バチカン博物館の外観

真①）。16世紀末に教皇の居室だった教皇宮殿や、その執務室などに創設された美術館の総称です。

　そこには、歴代の教皇が収集した膨大な数の美術品が展示されています。収蔵品の制作年代は古代オリエントから現代にまで及び、絵画、彫刻、タペストリー、地図などジャンルも多岐にわたっています。館内には、ピオ・クレメンティーノ美術館、ラファエロの間、システィーナ礼拝堂、ピナコテカ（絵画館）など24のエリアがあります。

■今回の訪問について

　博物館で勤務するサービス広報局の職員から、博物館内の作品や障害者に向けた取り組みとして実施している支援サービスについて説明を受けました。また、博物館の支援サービスを担当している視覚障害者の方にも同伴していただき、博物館内を一緒に回りました。そこで、視覚障害者の方がどのように作品を鑑賞（体験）しているのか、また、支援サービスが普段どのように提供されているのかを、実際に様子を見せていた

だき、私たちも作品鑑賞の体験をさせていただきました。

　バチカン博物館では2011年より障害者に向けた取り組みを始めています。その対象は、視覚・聴覚・精神疾患・車いすユーザーなど全ての障害の方としています。開始当初は週に1回のサービスの提供でしたが、今では毎日サービス提供しており、世界中からたくさんの方が訪問しているそうです。しかも、多くの方に訪問していただきたいという思いから、ホームページから予約ができるようになっており、障害者の方は入館料が無料になっています。

　今回の訪問では、実際の取り組みについて、「どのような点に工夫しているのか」など説明を受けながら見せていただきました。視覚障害者への取り組みでは、視覚以外の感覚を活用して作品が楽しめるような工夫がありました。

　例えば、実際の作品に直接触れ、触覚を通して作品を感じられるようにしています。実際に触れることが難しい作品に関しては、レプリカを作成しているものもありました。レプリカ以外にも、凹凸のある立体的なもので絵画が表現されている物（写真②）や、博物館内にどのような作品が飾られているか点字を用いて説明されている物など様々な工夫が見られました。

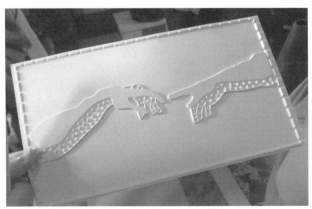

写真②　凹凸のある立体的なもので絵画が表現

触れて感じるという触覚以外にも、嗅覚を使って、その作品を知ることができるものもありました。描かれているものの「匂い」（例えば、その時代に使われていたと思われるお香）を再現し、嗅ぐことでその作品を感じられるようにしていました。

　その他にも、絵画に描かれている洋服の一部を当時と同じ方法でつくりその布に触れること、作品に描かれた楽器（写真③）や植物の現物を準備し、それに触れることでそれぞれの作品の理解に結び付ける工夫がされていました。絵画や像など作品そのものや、それに関するものを実際に触れることができるようにするだけではなく、その絵画に描かれているポーズや像と同じポーズを実際に自身でとることで、作品を体験し、感じることができるとも言われていました。

　また、聴覚障害者へは、作品に描かれている「天使の声」を感じてもらうために、音の代わりに振動で感じられるように特別な道具が準備されていました（写真④）。

　今回、私たちが作品の鑑賞を体験させていただく際にも、作品について多くの説明を受けました。どのような作者がこの作品をつくったのか。

写真③　絵画の楽器を奏でる様子

写真④ 振動を感じている様子

この作品に込められた想い、時代背景など、作品そのもの（作品に描か
れているものや、作品の目に見える特徴）の説明にとどまらず、作品にまつ
わる物語を聞かせていただきました。これは支援サービスで障害者の方
に作品を紹介する際にも行っているそうです。作品を知る（感じる）た
めにとても重要なことだとおっしゃっていました。

　私たちも、見ることで得られた情報に加え、物語を聞くことでより詳
しい情報が得られ、作品をさらに理解できることを実感しました。

　このように、様々な障害者に対する取り組みを検討し進める際には、
当事者がミーティングに参加し、当事者の意見を取り入れるようにして
いるそうです。一方的な考えや提案でできあがった押し付けのサービス
を提供するのではなく、当事者の立場に寄り添った博物館となるよう心
掛けていました。そのことを説明する際「私たちは（障害者がどのような
サービスを求めているかについて）素人。プロの本人（当事者）に関わって
もらっています」とおっしゃっていました。

　当事者の意見を確認しながら作成した例として、1つの凹凸のある立
体的につくられた作品を見せていただきました（写真⑤）。

　その元となっている絵画の一部には天使が描かれていたのですが、天

使をそのまま凹凸で表現すると複雑すぎて、全体の絵画のイメージがつかみ難かったそうです。そこで、天使の象徴である天使の羽だけを凹凸で描き、実際の絵画にどのような意図の絵が描かれているのかを伝えるように工夫したそうです。そのことで、絵画に触れた際、絵画のイメージを読み取りやすくなったそうです。

当事者の意見を確認して作品を作成することで「どのようにしたら伝わるか」の一つひとつを、当事者の方とともにつくりあげていました。また、作品を体験するサービスの検討だけではなく、障害当事者の職員が博物館を訪問した障害者へのピア to ピアな支援サー

写真⑤　当事者の意見を取り入れて
　　　　作成したもの

ビスの提供を行うこともあるそうです（写真⑥）。

最後に、普段私たちが訪れる美術館や博物館で作品に触れることができないのは、作品を保護するという観点からは当然のことでしょう。バチカン博物館でも、作品の保護は重要な課題です。作品を人々が触れることにより、よりメンテナンスは必要となります。そのメンテナンスは修復師の方々が行っているそうです。

また、このバチカン博物館の障害者のための取り組みを行ううえでレプリカや、凹凸のある立体的な絵画などをつくるために専門家をはじめとする多くの方が携わっているそうです。バチカン博物館に携わる、芸術を愛する様々な職種の方々の理解と連携があり、この取り組みが行わ

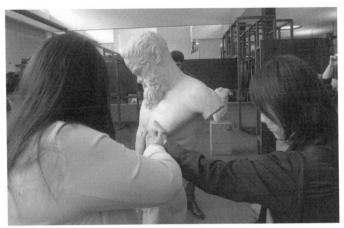
写真⑥　説明を受けながら作品に触れる様子

れていると感じました。

■もっと詳しく知りたい！（団員が疑問に感じたことを質問してみました）

Q）障害者に向けた取り組みのサービスを担当する職員は、特別な研修
　を行っているのですか？

A）はい。職員の研修は、授業（座学）と実習を80時間行います。その
　後は、日々の実務の中で学び、サービスの向上に努めています。

Q）障害者の方は入館料が無料とのことですが、手帳などの提示が必要
　ですか？

A）基本的には証明できるものを提示してもらっています。もし、証明
　書などがない場合にでも、（障害があることが）明らかな場合には無料
　で入館していただけます。

Q）作品に直接触れるサービスの実施に対して、他の部署からの反対意
　見はありませんでしたか？

A）作品の修復などを担当する学芸員を含め、どの職員からも反対はありませんでした。

Q）どうして、バチカン博物館では障害者に向けた取り組みに対し先進的に実施できているのですか？

A）バチカン博物館がローマ法王の博物館だからです。ローマ法王の役割として「全ての人に権利を！（全ての人を迎え入れる）」を実現するためです。

■学びのポイント

・障害者への取り組みに、当事者の意見が必要であることを認識し、実践していたこと。
・取り組みに対し障害に理解がある一部の専門的な職員が携わっているのではなく、各専門家（美術の作品に関する専門家、作品の修復に関する専門家、点字に関する専門家など）が連携していたこと。
・障害者への取り組みは全ての人にとって良い取り組みであるという認識で取り組まれていたこと。

■訪問してみて印象的だったことは？

　今回の訪問で最も印象的だったのは、障害者に対する取り組みをバチカン博物館の一部の職員で行っている活動（サービス）ではないということでした。障害に理解ある一部の人たちの取り組みではなく、バチカン博物館に携わる様々な職種の人たちが、その取り組みの意味を理解し、協力している様子は驚きでした。しかも、その理解は徐々に得られたものではなく、取り組みを開始した当初から得られていたということでした。

どうして、そのような理解が得られるのだろうか？　それは、ローマ法王がいるバチカン市国という土地柄なのだろうか？　40年以上フル・インクルーシブ教育が実施されているイタリアの影響によるものなのだろうか？　その場で、私たちも答えは導き出せませんでした。

　このバチカン博物館は、私たちの派遣プログラムの中で最初の訪問先でした。このバチカン博物館で見聞きしたこと、体験したこと、そして疑問に思ったことが、その後の訪問先に良い影響を与えていたように思います。

（勝田 茜）

③ ローマ市役所 （Comune di Roma）

■ローマ市役所ってどんなところ？

　イタリアの首都であるローマ市の行政機関で、市庁舎は小高い丘の上に建っています。丘の頂上には、ミケランジェロが設計したカンピドリ

写真①　カンピドリオ広場とマルクス・アウレリウス像

オ広場、マルクス・アウレリウス像や、カピトリーノ美術館などがあります（写真①）。

　ローマ市役所には、経済資源部、都市計画・実施部門、欧州開発・資金調達部門、観光・職業訓練・労働部門、モビリティ・輸送部門、教育学校サービス部門などがあり、今回は障害担当部門の方からお話を聞きました。障害担当部門は、人口約280万人のローマ市民のうち、障害のある市民に対する文化や交通、社会的なサービスを担当しています。

　■今回の訪問について

　ローマ市の障害担当マネージャーと懇談し、ローマ市の障害者施策の方針や考え方についてご説明いただきました。また、施策の例として、ビーチのバリアフリー化プロジェクトについてご紹介いただきました（写真②）。

　ローマ市の障害者施策の方針は、文化・交通・社会的なサービスを、すべての市民が利用できるように取り組んでいます。それはマネージャーの「障害がある方との交流がなければ、彼らが抱える課題が取り

写真②　ローマ市障害担当マネージャーを交えた意見交換

巻く環境との関係性により生じていることが理解できない」「だから、環境に働きかける。障害があっても、ピザを食べたり映画を観ることができれば、違いは目立たなくなる」との言葉に象徴されています。

　その考え方の基礎として、イタリアのフル・インクルーシブ教育があります。すべての子どもが共に教育を受けるためには、通学を可能とする移動や、学校におけるサポートのサービスに関するシステムづくりが必要でした。共に学び、場を共有し、お互いを知ることで、お互いに包摂ができるようになっていきました。つまり、「取り巻く環境が、人々の違いを、目立たせたり、（包括され）目立たなくさせる」ということです。

　ビーチは車いすでは移動しづらいのですが、ルートを整備し、車いすでも波に近づけるようにしたことで、ベビーカーも、お年寄りも、移動がしやすくなりました。障害者のためのビーチの整備ではなく、あらゆる方が使いやすいビーチにすることができた好事例です。

　マネージャーはこのような施策を実現するため、市民を取りまく「環境」の一部でもあるローマ市の評議員の育成から取り組み始め、文化・交通・社会サービス・子どもなど様々な部門におけるアクセシビリティについて、イタリアの法律を市内で実施することができるように働きかけました。市議会場は、市民の問題を話し合う場であるので、誰でも入場できるように配慮し、情報アクセスのための専用ソフト作成や字幕、手話通訳などを導入しました。

■もっと詳しく知りたい！（団員が疑問に感じたことを質問してみました）

Q）日本では、移動支援が必要な障害者は、通勤時に利用できるサービスの制度がありません。マネージャーさんは電動車いすを使っていますが、どのように通勤をなさっていますか？　何か、通勤時の移動に関して使えるサービスがあるのでしょうか？

A）ローマ市の移動支援サービスは、通勤・余暇活動・教育に利用する

ことができます。本来、移動は誰もが有する権利であり、妨げられることがあってはなりません。私は、市の移動支援サービスと、一部バスを使用して出勤しています。

■学びのポイント

・電動車いすユーザーでもあるマネージャーご自身の生活・仕事・出勤時の移動について
・現在ローマ市の抱える障害者行政の課題について
・障害者の生活のあり方について
・歴史ある市会議場やカピトリーノ美術館の見学とユニバーサルな設備の確認

■訪問してみて印象的だったことは？

　市庁舎は、歴史的な建造物とユニバーサルな設備が調和しており、訪れる市民や観光客のアクセシビリティについてよく考えられていると感じました。ビーチのバリアフリー化や設備の対象を「障害者」に限定するのではなく、全ての市民、全ての人にとって使いやすいことを考えている点が印象的でした。これは国連の「障害者権利条約」にも通じる考え方です。
　マネージャーが、市民を取り巻く環境へ働きかけることの必要性を繰り返し述べるように、ご自身も一市民として「全ての人のことを考えて環境を作り上げている」印象を受けました。マネージャーは「障害は、負担ではなく『資源』である」と語り、障害者も働いて納税することの必要性や、障害者雇用率の義務に対して未達成企業の罰則を設けるよりも、その人を理解して企業が従業員として受け入れることに意味があることの大切さを、お話してくださいました。

（平原 由梨子）

（コラム）

地下鉄のエレベーター

　イタリア団の公式プログラムは、バス移動が中心でした。好奇心旺盛な私たちは、イタリアにおける移動のアクセシビリティについて、ローマ市内のシティーツアーの機会を利用して理解を深めたいと思いました。

　古い石畳の凸凹をガタガタと歩行器で歩くマダムを横目に、通訳の栗原さんの案内でローマの地下鉄に乗りました。

　途中の駅では、車いすユーザーが使用する階段昇降リフト（写真①）を見つけましたが、呼び出しブザー（写真②）が下のフロアの１か所にのみ設置されていました。

写真①　階段昇降リフト

　バチカン博物館の見学を通してイタリアの障害者に対するアクセシビリティに理解があることに感心していた私たちは、少し驚きながら、宿泊地最寄りのテルミニ駅を目指しました。

　地下鉄駅の構内に貼ってある路線図には、車いすユーザーや

写真②　呼び出しブザー

視覚に障害を持つ方に対する、各駅のアクセシビリティに対する配慮の有無が掲載されています（写真③）。テルミニ駅は、日本直行便が乗り入れるフィウミチーノ空港から直結し、イタリアの主要都市とつながる観光拠点の駅ですが、テルミニ駅には、アクセシビリティの表示が見当たりません。しかし、構内の案内板（写真④）にはエレベーターの存在を示すマークがあり、不思議に思った私たちは1番口を目指して駅構内を歩いてみました。

写真③　各駅のアクセシビリティを表示する路線図

　すると……そこに"あるはず"の、エレベーターが見当たりません。

　エレベーター予定地は、壁で仕切られていました（写真⑤）。車いすユーザーは1番口を使うことができないのです。そして、写真④をよく見ると、エレベーターの表示があるのは1番口のみです。つまり、車いすユーザーは、主要駅であるテルミニ駅で地下鉄を利用できない構造になっています。

　階段で地上に出ると、出入口を設置する予定であった土地は、柵で囲まれていました（写真⑥）。予算の都合で工事の計画が中止になったとのことで、私たちは強い衝撃を受けました。地下鉄の不便な環境をよく知る車いすユーザーは、地下鉄に乗ることを選択しないとのことでした（バスやトラムなど他の移動手段があります）。

　イタリアは、私たちが出会った多くの人たちが認めるとおり、アクセシビリティやバリアフリーに関する法律が比較的充実しています。街並みに関しては、事後ではなく建設の時点から配慮することを定めており、

情報伝達に関しても、新しいアクセシビリティ解決のためのスタンカ法
（2004年1月9日法令第4号：障害者のITツールへのアクセスを容易にする規定）
を定めています。

　しかし、地方分権が進み、州やコムーネ（地方自治体）単位の計画の
立案や実行力には、ガバナンスや予算に課題があり、移動の支援やバリ
アフリー化に関しても実施率が大きく異なるそうです。また、世界遺産
の数が世界一を誇るイタリアでは、歴史的な建築物や遺跡に囲まれてお
り、工事を進めることも苦労が絶えないとのお話がありました。歴史を
重んずる国民性もあり、ハード面のバリアは街の随所に見受けられまし

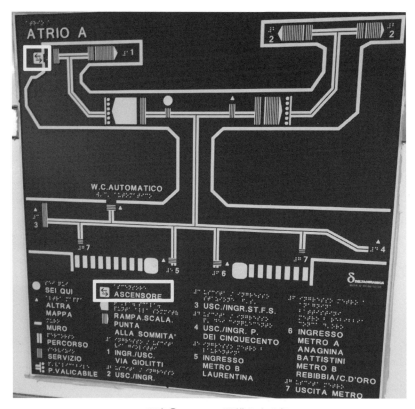

写真④　テルミニ駅構内案内板
（“ASCENSORE”はエレベーターを示す）

た。

　地域コアリーダープログラムは、団員のマネジメント能力の向上も目的としています。マネジメントに必要な資源とされる「ヒト・モノ・カネ・情報・知識・時間」の重要性を意識したとともに、イタリアではその資源の管理プロセスにも課題があると感じました。

（平原　由梨子）

写真⑤　エレベーター予定地

写真⑥　地上出入口予定地

写真⑦　手前からメトロ1番口、
トラムの停留所、テルミニ駅

4 筋ジストロフィー・イタリア組合
(Unione Italiana Lotta Alla Distorofa Muscolare)

■筋ジストロフィー・イタリア組合ってどんなところ？

　筋ジストロフィー症やその他の神経・筋疾患を持つ方々を対象としたイタリアの全国的な組織で、1961年に設立されたNGO団体です。イタリア全土に65の支所があり、本部はイタリア北部のパドヴァ県に置かれ、私たちはローマにある支所を訪問しました（写真①）。

　組合は以下の目的で活動しています。①障害者の社会的包摂の促進、②筋ジストロフィー症やその他の神経・筋疾患に関する科学的研究と健康情報の推進、③勉強する・運動する・移動する・余暇活動に参加することの権利の保障と推進。

写真①　住宅街に馴染む筋ジストロフィー・イタリア組合の建物

■今回の訪問について

　ローマ支所の所長さんとスタッフ、デイセンターの利用者さんたちを交え、組合の活動紹介や意見交換を行い、その後、施設内を見学させていただきました。

　この団体は、障害当事者により設立された組織であり、障害者の社会への参画や、障害者の生活水準の向上を目指して活動しています。障害当事者もこの組織で働いており、障害者が障害者の相談窓口を担当することにより、対等な立場で情報や支援を提供することができます。

　活動紹介の中で、包摂を目的とした「ポイントビュー」という展示会プロジェクトを紹介していただきました。これは、9歳から15歳の子どもが、車いすユーザーの視点から写真を用いて、日常生活や経験をもとにディスカッションを行うものです。

　デイセンターでの自己紹介では、輪になって、挨拶をする度に次の方へ毛糸のバトンを送りました。すると、大きな網目ができ上がりました。「（この毛糸でできた網目のように）ネットワークを形成するためには自分自身を相手に知っていただく必要がある、そのためにはコミュニケーションを図り自ら進んでいくことや能動的に活動することが大切である」と、教えていただきました。

　多様な人々が集まることにより、多様な課題は生じるが、ここに専門家による専門性が必要となることも、教えていただきました。

■もっと詳しく知りたい！（団員が疑問に感じたことを質問してみました）

Q）日本でも、NPOの活動では資金調達に汗を流しています。ファンドレイジングのコツは、どのようなことだと思いますか。

A）まずは、つながりのある家族や過去にボランティアへ参加したスタッ

フ、企業などに働きかけることです。私たちはイタリアの全国組織ですが、国内の南北では、提供されるサービスの格差が存在しています。

Q) 私たちは、ローマ市内を視察し、ローマ市庁舎で意見交換を行いました。ローマ市の移動支援サービスは、通勤・余暇活動・教育に利用できると伺いましたが、サービスの実際はどのようなものですか。

A) ローマ市は人口も障害者人口も多く、先駆的な取り組みをしています。しかし、現在のように移動支援サービスを利用できるようになった背景には、障害当事者の先人の存在があります。彼らは当事者として、一つのサービスに依存せず、自らニーズに応えるサービスを運営するなど、権利を主張し闘いました。

　また、実際には市の移動支援サービスは登録制で定員があるため、希望するすべての人が利用することはできていません。本来は、サービスを利用しなくても移動の権利は保障されるべきものですが、街の構造や交通機関にもバリアがあります。財政上の問題から、10年間も停止していたサービスもあります。

■学びのポイント

・在宅で生活する神経・筋疾患を有する身体障害者の移動手段や関連する制度、日常生活のサポートについて
・協会の課題と重点的な取り組みについて
・組織運営のための資金調達やボランティアについて
・WEB ラジオ局「開けた窓」、リハビリテーション部門の見学

■訪問してみて印象的だったことは？

筋ジストロフィー・イタリア組合では、EU や大学の社会貢献に関す

る単位の優遇制度などを利用して大勢のボランティアが活躍しており、ボランティア活動が活発かつ重要なサービス提供の担い手でもあることが分かりました。

イタリアでは、教育や仕事の権利、バリアフリーや移動に関する法制度は比較的整っており、地方分権が進んでいます。しかし、地域によっては実行計画がなく、厳しい財政事情でサービス提供が実施されていないなど、障害者を取り巻く環境には多くの課題があります。こちらの団体は全国的な組織として活動するなかで、サービスの南北格差の存在を実感されているとのことでした。

ローマ市では、障害者自身で利用したい在宅サービスを選択することができますが、全てのサービスが全ての州にあるわけではないそうです。ローマ市が認定した社会的協同組合は、週6時間と決まった時間のみサービスを提供します。市が予算を渡して障害者自身で運営する自営のサービスは、週25時間までと時間に柔軟性がある一方で利用する側の責任も伴います。

この支所では、2014年より支所の中にWEBラジオ局を作り自主的に発信する活動をしています。これは彼らの活動が公的に認められた証でもあり、民間の障害者団体が自主的に運営するラジオ局の取り組みは日本で聞いたことがなく、新鮮に映りました。

私は、かつて日本の筋ジストロフィー協会の支部で、成人の会のボランティア会員を務めた経験があります。当事者による主体的な活動や、障害のない人と共に楽しみながら社会を変えていく活動は、イタリアも日本も共通点がありました。

（平原 由梨子）

5 スペシャルオリンピックス・イタリア協会
(Special Olympics Italia)

■スペシャルオリンピックス・イタリア協会ってどんなところ？

　スペシャルオリンピックス（英語：Special Olympics、略称：SO）とは、知的障害のある人たちに様々なスポーツトレーニングとその成果の発表の場である競技会を、年間を通じ提供している国際的なスポーツ組織です。

　スペシャルオリンピックス・イタリア協会は、知的障害者に年間を通じて様々なオリンピックスポーツのトレーニングと競技の機会を提供する団体です。スポーツを通して、知的障害者の身体機能の発達と幸福感の向上を図ることを目的としています。また、知的障害者が特性や特技を見出して発揮すること、他のアスリートとの友情を築くことだけでなく、指導者・ボランティア・家族・コミュニティ全体とともにユニークな体験ができるよう支援しています。

■今回の訪問について

　ホームビジットで訪問したSさん（第4章参照）が参加する新体操のプログラムを見学させていただき（写真①）、その後、スペシャルオリンピックス・イタリア協会の代表者の方、コーチの方、ファンドレイジングや広報を担当する方からお話を伺いました。スペシャルオリンピックスの活動は、学校の体育館を利用して実施されていました（写真②）。

　スペシャルオリンピックスの競技としては、陸上、体操、乗馬、水泳、サッカー、ボーリング、卓球、オープンウォーターの水泳、バトミントン、テニス、ダンスなどに取り組んでおり、今後ヨットと柔道を始めようと

写真① 新体操の練習風景

しているとのことでした。ま
た、ウィンタースポーツでは、
クロスカントリー、スノー
ボード、トレッキングなども
行っています。

■もっと詳しく知りたい！
（団員が疑問に感じたこと
を質問してみました）

写真② 練習が行われた校内の様子

Q）スペシャルオリンピックスはイタリアでは有名ですか？

A）だんだん知名度が高くなってきています。イタリアでは1万5000
人の選手がいます。4年毎に世界大会が開催され、前回の南アフリカ
大会では、開会式には多くの人が参列し、大統領も来ました。どこの
国で開催しても、国の代表者が参加しています。10年前には、冬季
大会が日本の長野で開かれました。現在スペシャルオリンピックスは

198か国に普及しています。

Q) パラリンピックとの違いは？

A) パラリンピックは、競技性が強くなりますが、スペシャルオリンピックスは、インクルージョン（社会的包摂）が目的になります。競技的な考え方ではなく、自尊心を培うためのスポーツであると考えています。そのため、対等の能力がある人同士で大会をつくるようにしているのはもちろんのこと、決勝戦を多くつくるなどの工夫をしています。

Q) インクルーシブ教育との関係は？

A) 60年前から小学校に対して、スペシャルオリンピックスの活動を紹介してきました。子どもたちにインクルージョンの価値観を伝えようとしてきました。学校での授業については、国の教育機関と協定を結んで活動をしています。

　学校での活動は、子どもたちに対して、インクルージョンの概念を伝えること、親に対して、障害のことを伝えること、中学校・高校では、伝えながら活動に参加するボランティアを募っています。学校との関係はとても大事にしています。

　体育の先生に対して、知的障害の子どもたちとどのように体育の授業を行っていくかを教える研修を行っています。そこには、体育の先生だけでなく、障害者をサポートする先生たちも研修に参加しています。

Q) 今日の新体操のプログラムでは、皆さんボランティアですか？

A) 指導をしていた人は、技術を有する指導員で、仕事で行っています。ほかの方はボランティアとして参加していました。

Q) 参加する機会はどのようなものがありますか？

A）地域のスポーツクラブで障害者のクラスがあるというスポーツクラ
ブもあります。しかし、障害者の親がつくり上げたスペシャルオリン
ピックス専門のクラブの方が割合として多いです。

Q）大事にしていることはなんですか？
A）今日見学した新体操は個人競技でした。チーム競技の場合は、イン
クルージョンを大事にしているので、障害のある人とない人も共にプ
レーをしています。一緒にスポーツをするというインクルージョンで
す。ボランティアで作り上げるのもインクルージョン。家族にもその
価値観が広がるように努めています。

　イベントを企画すると家族が手伝ってくれたりします。家族は自分
の子どもだけでなく、参加している全員のために何かをすることにな
ります。親にいかに価値観を伝えていくか、理解してもらうかという
ことが大切だと思っています。

Q）皆さんはどういった経緯でこの活動に参加されていますか？
A）私には35歳の子どもがいます。ダウン症候群です。3歳の時から
スポーツをしています。大きくなればなるほどスポーツに取り組むこ
とが難しくなっていきました。

　最初は参加者の親として参加し、17年前から民間サービス※で始め
ました。スペシャルオリンピックスに参加するなかで、全体の成長に
貢献することを感じ、自分も妻も積極的に参加するようになりました。
私は、それをきっかけに続けています。また、活動を通じて、スペシャ
ルオリンピックスの考え方を広げることができるんだなと感じ活動を
継続しています。

　今の思いは、25年前に参加し始めた時と同じです。精神や価値観
を共有できることを喜んでいます。みなそう考えていると思っていま
す。情熱があるからやっています。

※民間サービス

　以前、兵役の代わりに、ボランティア活動をするという選択肢があったとのこと。その後今では、希望者に対して1年間のプログラムを提供しているとのこと。（https://www.serviziocivile.gov.it）

Q）遠征の費用はどうしていますか？

A）スペシャルオリンピックス・イタリア協会でファンドレイジングをして、スポンサーを探したり、公的資金をもらえるようにしたりしています。そして、移動費・宿泊費などできる限り個人の負担が少なくなるようにしています。宿泊場所も主催される場所で、体育館で泊まれるようにしたり、地元の人が負担なく泊まれるように手配してくれたりします。陸軍の協力を受け、陸軍施設に宿泊することもありました。

　国際大会は、個人負担はなく、スペシャルオリンピックス・イタリア協会が負担します。全国大会をすると2～3000人集まります。自治体からの協力もあり、ホストタウンが自治体として、特産物パーティでもてなしてくれたりします。知的障害のある選手は、大会期間中は、親と離れて生活をします。自立の精神を伝える機会にもつながっています。

■学びのポイント

・スペシャルオリンピックスは、インクルージョンが目的。
・競技的な考え方ではなく、自尊心を培うためのスポーツであると考えて取り組まれている。

■訪問してみて印象的だったことは？

　競技や練習など、どの瞬間でも、スポーツが楽しめるように取り組まれている印象があり、そして関わる人が増えるように、積極的にかかわれるように考えながら取り組まれていることが印象的でした。
　まさに、インクルージョンをどのように実現していくかに取り組んでいるように思いました。また、それぞれがスペシャルオリンピックスの価値観を伝えることに情熱を持って関わっていることが印象的でした。

（鈴木 佑輔）

$$\boxed{\text{コラム}}$$

友人たちのトラットリア
（Trattoria di gli amici）

　ローマの石畳の路地を歩き、たどり着いたのは、テラス席を設けた街中のトラットリア。「トラットリア」とは、イタリアの大衆向けの雰囲気を持つ家庭的なレストランのことです。

　私たちは、イタリアにおける障害者雇用の実際をもっと知りたいと思い、出国前の事前学習を踏まえ、公式プログラムのほかに、昼食時間を利用して、カトリック教会が運営する社会的協同組合により経営されているトラットリアを訪ねることにしました（写真①）。

写真①　トラットリアの外観

ランチタイムで込み合うなか、店長さんに掛け合い、活動について快くご説明いただきました。店内には、障害を持つ方々が手掛けたアート作品を展示し販売もしています(写真②)。スタッフはお揃いのユニフォームを着ています。活躍するスタッフのポスターが飾られ（写真③）、ワイン1ボトル注文につき AIDS 患者のために寄付もできます。

　素敵な作品が飾られた心地よい空間で美味しい料理が並べば、自然とワインも注文され、寄付も集まります。そこで汗を流して働くスタッフの顔とつながりが見えれば、客は彼らに関心を示します。そんな沢山の自然な「しかけ」がトラットリア全体にあり、しかけ同士がつながり、ストーリーを持っています。イタリアのポジティブに「人生を楽しむ」という風土が、デザインされていました。

　イタリアでは、ワインを片手に乾杯する時、イタリア語で健康の意味に由来する「サルーテ（Salute）！」と声をかけ、みんなでテーブルを囲みます。ちなみに、私はローマ名物のサルティンボッカをいただき、赤ワイン（ビーノ・ロッソ）にピッタリでした。　　　　（平原 由梨子）

写真② アート作品の展示

写真③ スタッフたちのポスター

6 社会的協同組合 全国協同組合連合会 (Legacoop)

■社会的協同組合ってどんなところ?

　社会的協同組合は、社会的に立場の弱い方の地域社会生活を総合的にサポートする組織です。ここでの社会的に立場の弱い方とは、高齢者・障害者・アルコール中毒者・受刑者・元受刑者・ホームレスなど「生きにくさ」を抱えた人々のことです。社会的協同組合は人間の尊厳を維持し、人々が社会で生活することを尊重しています。

　社会的協同組合は1991年の法律381号によって法的に許可されました。社会的協同組合は、協同組合を組織する組合員で構成されます。また、一人一票制であるため社会的に立場の弱い方も、そうでない方も平等に一票を持っており、議決権を行使することができます。

　社会的協同組合にはA型・B型の2つの事業体があります (表)。

表　社会的協同組合の事業体

	A 型	B 型
目的	社会的に立場の弱い方への支援	社会的に立場の弱い方の雇用
内容	医療・福祉・教育の提供	健常者とともに労働。仕事の内容は農業や工業、商業、サービス業など多様
社会的に立場の弱い方の雇用率の規定	義務はなし	労働者(組合員・非組合員合わせて)のうち社会的に立場の弱い方を少なくとも30%以上雇用しなければならない

　A型は、社会的に立場の弱い方への医療サービス・福祉サービス・教育サービスを提供する事業です。B型は、健常者とともに社会的に立場が弱い方々の雇用を目的としている事業です。

　B型は、社会的に立場の弱い方を従業員の30%以上雇用することが

義務付けられています。労働が
人々の生活の質において重要だと
されるイタリアで、社会的協同組
合は積極的な障害者雇用のきっか
けとなり、労働の場におけるイン
クルージョンが実現されていま
す。

■今回の訪問について

今回は全国協同組合連合会であ
るボローニャ州の Legacoop に訪
問しました（写真①）。

今回の訪問では、協同組合の活
動の現場を実際に見ることはでき
ませんでしたが、Legacoop に所属
する3つの社会的協同組合の事業
内容（COpAPS、il martin pescatone、
CADIAI）について、各担当者より
活動の目的や内容について詳しく
話を聞くことができました（写真
②）。

写真① Legacoop の外観

写真② Legacoop 内での
各社会的協同組合からの発表

● Legacoop

Legacoop は、全国にある協同組合をまとめ、代表する組織です。イ
タリアには連合会がいくつかあり、それらをまとめたイタリアの協同組
合連盟もあります。協同組合連盟に所属する協同組合はボローニャ内に
600か所あり、7万人の労働者がいます。組合員が140万人、総合売り

上げは 160 億ユーロです。

Legacoop は協同組合をまとめ、代表し、協同組合へのサービスの提供や、自治体への働きかけを行っています。

● COpAPS

COpAPS は、知的・精神障害者への A 型 B 型を行う農業の社会的協同組合です。

A 型の事業では、重度障害者（知的と精神）の生活の向上のために、アイデンティティの理解、自尊心を得られるようなサービスを提供して

写真③　お土産にいただいた
ラベンダーオイル

います。現在では 30 人がサービスを利用しています。

B 型の事業では、障害者と社会を繋げることを目的に、比較的軽度の知的・精神障害者が仕事をしています。作業内容は有機栽培を主とした農作物の栽培と加工を行っています。

COpAPS では、ラベンダーの栽培から、ラベンダーオイルやポプリ（写真③）を作っています。

さらに、畑や公園のメンテナンス（芝刈りや剪定）をしており、売り上げの 50％を占めるまでになっています。そのほかにはレストラン経営やゴミ回収の事業もあります。協同組合は、社会の関心を大事にしており、環境の持続可能性の観点から有機農法や太陽光発電もしています。ちなみにイタリアでは 70 年代から障害者が農業に関わるようになっています。

また、イタリアには就労に向けた見習いの制度があり、見習い期間は行政が賃金を払います。実際に現場に行って学ぶことができるので、障

害者の方たちもこの制度を利用し、実際に仕事を経験したうえで自分に合う仕事を探すことができます。COpAPS では直近 5 年間で 8 人が見習いから始まり就職につながっています。

● il martin pescatone

il martin pescatone は、精神障害者への A 型 B 型を行う社会的協同組合です。地域のサービスの向上を目的に、AUSL（地域保健公社）から精神障害者が紹介され、AUSL（地域保健公社）と連携しながら事業が行われています。

A 型の事業では、精神障害者に対し 3 つの社会的なリハビリを行っています。

1 つ目は就職を目指した「自尊心とスキルの獲得」のためのリハビリです。物の修復の専門家とエデュケーター（教育専門家）がおり、利用者は様々なスキルを習得しながら、専門家から心理的なサポートもしてもらえます。

2 つ目は、社会に出て「他者との関わりを持つ」ためのリハビリです。デイセンターなどに通い、地域との繋がりを作ります。

そして、3 つ目は、「地域で家に住む」リハビリです。この事業では 2 つのアパートを所有しており、そこで 6 人で共同生活を送ります。また、そこには 2 人のエデュケーターがいて、生活をサポートしています。

B 型の事業では、農業・清掃・ゴミの収集場所の運営、学校給食の配膳、家具などの修理の仕事があります。この事業に関して、働き手となる従業員の候補者は AUSL（地域保健公社）から精神障害者が紹介されます。

また、2015 年から開始した「精神健康のバジェット（予算）」という事業は、精神障害者と依存症の方が地域で生活することを目的としています。この事業は、障害者当事者が AUSL（地域保健公社）を通してこの事業に参加することを契約します。

参加する障害者それぞれに対しプランニングし、プロジェクトを作成します。一つのプロジェクトは3か月から1年の期間でプロジェクトによって期間を決定します。一度決定した期間でも必要があれば、延長することも可能となっています。

　各プロジェクトの中心は障害当事者であることを重要視されていることが特徴です。また、各プロジェクトのゴールのために本人や家族、AUSL（地域保健公社）の精神健康局、ボランティアセンターなどと連携しながら協働します。地域の教会やボランティアセンターが協働することがとても重要になります。

　しかしながら、連携をすることは容易ではなく、いろいろな組織や当事者・家族が共通した言語で話すこと、それぞれの役割を理解し分担することが難しいようです。まずは話し合いの場を設けてお互いの理解を促すことがプロジェクトの実現には重要であると考え、実施しているそうです。この各プロジェクトの積み重ねが、精神障害者と依存症の方が地域で生活することを含めた社会復帰の実現につながっています。

● CADIAI

　CADIAIは学校教育での障害者の支援を行うA型の社会的協同組合です。CADIAI職員のエデュケーターを学校に派遣し、支援が必要な学生へのサービスを行なっています。ボローニャでは、自治体からの依頼で学校教育に協同組合が協力しています。

　CADIAIは現在730人の障害児が利用しています。エデュケーターはローマの学校のアシスタントとは違い、トイレ介助などの生活の援助はせず、専門家として授業が分かりやすいように補助をし、自立のための教育プログラムを作成します。それをプロジェクト化しています。

　プロジェクトの中心は、障害児本人であり、障害者本人に向けた活動と学校全体へ向けた啓発的な活動があります。クラスの中で障害児のクラスメイトが資産であることを、みんなが知ることを大事にしています。

■もっと詳しく知りたい！（団員が疑問に感じたことを質問してみました）

Q）社会的協同組合は法人税の支払いは必要ですか？
A）いいえ。利益を投資することは課税されますが、利益を協同組合の
　運営費に使用することは非課税です。また、利益は基本的に組合員に
　分配されることはありません。

Q）「精神健康のバジェット（予算）」は、これから社会参加する方のプ
　ロジェクトですか？　それともすでに地域で生活している方対象です
　か？
A）どちらともです。グループホームのようなところから一人暮らしを
　始める人もいますし、すでに一人暮らしをしている人もいます。

Q）エデュケーターという資格があるのですか？　どうすれば取れます
　か？
A）エデュケーターは社会福祉的なリハビリを行います。エデュケーター
　には、資格があり、大学の教育学部か医学部で資格を取ることができ
　ます。

Q）学校でのエデュケーターは常にいるのですか？
A）いいえ。週に数時間だけです。エデュケーターが立てたプログラム
　を担任に渡し、エデュケーターがいない時も実行してもらいます。ま
　た地域により差があります。

　■学びのポイント

　・社会的協同組合の基本について

・それぞれの社会的協同組合の事業内容について
・エデュケーターについて

■訪問してみて印象的だったことは？

B型事業で、障害の有無に関係なく一緒に働けることは、障害者だけ
での職業訓練とは違う魅力が感じられました。また、COpAPS の障害
の有無にかかわらず賃金が同じであるということは、とても驚きでした。
障害者の支援をする新たなエデュケーターという資格を知り、とても興
味深かったです。

フル・インクルージョンの実現のために、社会的協同組合の協力も不
可欠であることが今回の視察で知ることができました。

（徳田 千帆）

＊参考文献
　岡安喜三郎：イタリアの社会的協同組合の歴史と概要. 第43次欧州労働者
　福祉視察 事前研修会 資料, 2011（https://www.google.com/url?sa=t&rct=-
　j&q=&esrc=s&source=web&cd=&cad=rja&uact=8&ved=2ahUKEwjvvZb-
　j5eruAhVsyYsBHVH_BsAQFjAAegQIARAC&url=https%3A%2F%2Fjicr.
　roukyou.gr.jp%2Foldsite%2Flink%2Fimg%2F20110720ita.pdf&usg=AOvVaw-
　0Fo7LvU3BbVq3S5AT90IlS　閲覧日：2021.2.15）
　濱田健司：イタリアの社会的農業と精神保健－「配慮」と「成熟」－, 共済
　総合研究 第76号（https://www.google.com/url?sa=t&rct=j&q=&esrc=s&-
　source=web&cd=&cad=rja&uact=8&ved=2ahUKEwighLeD5uruAhWdy4s-
　BHTKVDxcQFjABegQIARAC&url=http%3A%2F%2Fwww3.keizaireport.
　com%2Freport.php%2FRID%2F337584%2F%3Ff&usg=AOvVaw3x8JEAn-
　CIZtPXlYOrYpZwo　閲覧日：2021.2.15）

7 視覚障害研究所 （Institute dei Ciechi di Milano)

■視覚障害研究所はどんなところ？

　視覚障害研究所は、視覚障害児者に対する教育訓練、研究、技術革新のために活動している機関です（写真①）。
　点字ミュージアム、点字印刷所、視覚障害のある重複障害者のデイサービス事業や高齢者施設も運営しています。特に力を入れているのが視覚障害のある児童・生徒に対する学校教育の質の向上で、地域の学校に勤める補助教員への指導や教材作成、点字本の作成・出版をしています。
　視覚障害研究所は 1840 年に創設され、イタリアで初めて、点字教育の普及に努めたところです。ミラノ市の中心部にあるのですが、市民の生活の一部になってほしいという思いが込められ、建てられています。
　1800 年代は、講堂や音楽堂でコンサートを行ない、収入を得ていま

写真① 視覚障害研究所の外観

した。2300 平米もの敷地を有する研究所は、1977 年まで、視覚障害児者のための全寮制の特別支援学校であり、350 人～ 400 人程の子どもが生活をしていました。

　1977 年に特別支援学校の制度が廃止された後は、フル・インクルーシブ教育において、視覚障害のある子どもをサポートする教員の指導を行い、全国的な視覚障害者への教育の拠点となっています。また、ダイアローグ・イン・ザ・ダークの運営やロンバルディア州在住の 400 人の視覚障害児に対してのサポートを行っています。

　「誰もが使える空間を作ること」を大切にしており、視覚障害者が様々な機関を利用しやすくなるための活動や、研究所の講堂を市民に貸し出すことも行っています。

■今回の訪問について

　視覚障害研究所の歴史や、視覚障害者の生活や仕事について、視覚障害研究所のディレクターと共に、お話を伺いながら、研究所内を見学し、その後、ダイアローグ・イン・ザ・ダークを体験しました（写真②）。財団法人の主な収入は、公的資金のほか、ダイアローグ・イン・ザ・ダークの収入と、遺言遺産による寄付により得ています。

　ダイアローグ・イン・ザ・ダークは、視覚障害者に対する偏見をなくすための取り組みとして行われており、これまでに 250 万人もの方々が訪れています。その内の半数以上は学校の生徒です。その他は視覚障害児（者）の家族や企業が社員のトレーニングの一環として訪れているようです。

　この体験は、白杖をつきながら、暗闇のなかを視覚障害者のアテンドと共に歩いて行くもので、途中では森や小道が設定され、喫茶店などで過ごす体験もできます。

　アテンドは全盲の女性でしたが、自分自身が見えていない景色を、豊

かに表現し、彼女の持つ視覚以外の聴覚や嗅覚、触覚など様々な感覚を使って、暗闇のなかで私たちをガイドしてくれました。

今回は、研究所内の展示品についても、お話を伺いながら、私たちからの疑問についてお答えいただきつつ拝見しました。昔は、視覚障害者の就ける仕事が限

写真② ダイアローグ・イン・ザ・ダークの外観

られたため、幼少期の教育から卒後の就職までを支援する目的で、オルガンやピアノの教育を必須としていたそうです。私たちが訪問した際に、初めに訪れたホールには、前方に4400もの管があるパイプオルガンがあり、とても圧巻でした。

点字を打つためのタイプライターも、当時の時代を感じられるように説明書きもあり、一つひとつ、説明していただきました。なかには、ヘレン・ケラーが実際に使用したタイプライターも展示されていました。

教材を作成する部屋を見学した際には、実物から点字に変換するためのプロセスについて図示しているものを見ながら（写真③）、どのように点字が作られていくのかをイメージすることもできました。触覚も、素材が異なれば感じ方も異なるため、同じ紐状の物でも、リボンや毛糸など、様々な素材を使った教材（写真④）も作られています。

また、平らなプラスチック板を型取りできる機械でプレスさせると、凹凸のある地図が作成される様子も見学しました。凹凸のある地図も、パーツを一つひとつ分けられるものもあります。

ほかに、アニメーションに近い形で人型にかたどられているものには、いくつかポーズがあり、これは動きを伝えるための教材だそうです。

一つのことを伝えるにしても、名前・素材・形・大きさ・動きの有無などあるため、創造や伝える方法も、より相手に伝わりやすいように工夫されており、手作業で作られている教材に、とても温かみを感じました。

写真③　実物から点字に変換するプロセスの展示

コンピューター室には、およそ30台のパソコンが並べられ、ここでは、就職するために必要なパソコンの技能と、スマートフォンやタブレットの利用方法について教えています。私たちは、音声で情報を得る手段について実際に体験しましたが、はっきりと言葉に出すことが重要だということと、普段、いかに視覚情報に頼っているかを感

写真④　様々な素材の教材

じました。また、検索結果を聞き、その聞いた内容を、思考を巡らせながら内容を処理しなければならず、情報処理能力も必要に感じました。

就職に関して、かつて、視覚障害者は電話交換手が主な働き口でした。イタリア首相府を訪問した際、一定の障害者に対して一定の仕事に就くことを推進する法律として、1985年の法律第138号では、視覚障害者を電話交換手として推進していましたが、民間部門では減少傾向にあり、技術変革により職業そのものが変化してきていると伺いました。その影響もあり、現在、こちらではカスタマーケア部門に力を入れているようです。

教材や機器の用い方について、障害者と制作する専門職が協力し、時

代の流れに合わせながらサービスの提供方法を変化させ、職業として継続してきました。

　重複障害者のデイサービス・高齢者施設については、その様子を見学することはできなかったのですが、デイサービスでは、私たちが展示を拝見している際に帰宅時間と重なり、通所されている方にお会いすることができました。ご本人を温かくケアしながら、職員やご家族が、穏やかに私たちに挨拶してくださる姿が印象的でした

　■もっと詳しく知りたい！（団員が疑問に感じたことを質問してみました）

Q）目の見える子・見えない子が同じ空間で学ぶ意義とはなんですか？
A）障害の有無にかかわらず、お互いを知る機会を持つということは大切です。また、同じ教育を受ける必要があると思います。
　　しかし、学ぶリズムが異なるため、学べなかったものがあった時には、サポートする時間を設けています。

Q）本人に合わせた教材を作成する流れについて教えてください。
A）学校には、児童の様子について記された報告書があり、それを元に、技術者の組織が作成しています。
　　また、弱視の児童に対しては、教科書の一部が分かるように文字に起こしたり、小さな児童には、絵にも起こしたりしています。
　　教材の発行は単純盲の児童に対しては減少傾向で、弱視・重複障害を持つ児童に対しては増加傾向にあります。

Q）学校教諭に対しては、どのような教育を指導していますか？
A）点字・国語・算数など生徒の年齢によって支援が変わってくるため、その時に必要な支援方法を、児童と共有しながらプログラミングするように指導をしています。教材については、この研究所で作成してい

ます。

Q）点字が良い場合とそうでない場合はありますか？

A）点字が重要な理由とは、「外国語と数学の学習」と「音声を聞くことは相手のペースに従う必要があるが、点字を読むことは自分のペースで行える」ということです。成人になり視覚障害を持った方に対しては、パソコンなどによる音声からの情報を、それ以外は点字から情報を得る方が良いという場合もあります。

Q）今、抱えている課題はどういったことが挙げられますか？

A）必ずしも、全ての教員が障害者への支援について学んでいるわけではないので、人材の育成（教える側が点字を知らない）については課題です。また、学校教育の後には社会に出なければならないので、その配慮も必要だと考えています。

■学びのポイント

・視覚障害のある児童・生徒に対する学校教育について
・支援をする側の人材育成について
・ダイアローグ・イン・ザ・ダークを通し、視覚障害者に対する理解を深めることについて

■訪問してみて印象的だったことは？

　今回、お話をしてくださったディレクターは、3歳の頃に失明され、子どもの頃のおよそ10年間、この視覚障害研究所で教育を受けました。小学校の8年間は義務教育を受け、高校は普通教育を学ばれ、15歳の頃には、困難な状況にどう対応したらいいか、答えを見つけていく力も

養われたことから、日常生活にも少しずつ適応していったそうです。

　お話を伺うなかで、一番印象的だった言葉は、「目は見えなくても、それは悲しいことではありません。他の感覚を研ぎ澄ますことで見える世界があります。ですから、目が見えないからといって、可哀想と思わないでほしい」という言葉です。

　ダイアローグ・イン・ザ・ダークの体験をした際に、私たちは、聴覚と触覚を頼りに、小鳥の囀りや川の音、草木の凹凸を感じながら、危険ではないか？　この方向で合っているのか？　などと様々な状況を考え、とても不安な気持ちになりながら、一歩一歩前進しました。

　形や危険性が分かるものであれば、触りながら、その形と手触りなどで物体のイメージを持って、近づくこともできます。また、足から伝わる感触から、見たことのある情景をイメージしながら、このまま進んで大丈夫かどうか判断をするかと思います。しかし、そのもの自体を全く知らない状況で触り、進むことはとても恐ろしいことです。

　それは、目が見える人が思うことであって、目が見えないという状況が、その人にとって普通のことだとしたら、また考え方も異なります。視覚情報以外の感覚を研ぎ澄まし、これまで触ってきたり、分かったものをイメージしながら、一つひとつ解釈していくということが続きます。もし私が視覚障害者になり、目が見えなくなってしまったらと思うと、目が見えていた時のことを思い出して辛い気持ちになってしまい、現状を受け入れるようになるためには、長い時間がかかるかもしれません。

　しかし、それとは逆に、障害を持つ方に対して「もし、障害がなかったらどう思いますか？　また、どうしたいですか？」という問いかけは、酷なもののように思います。それは、可哀想ということではなく、どのように感じながら毎日を過ごしているか、その人の生活を完全に否定しているように思うからです。

　そのようなことを考えながら、ディレクターの言葉の意味を考えたりしていると、「目が見えなくて可哀想と思わないでほしい」という言葉は、

とても深い言葉のように感じました。ダイアローグ・イン・ザ・ダークを体験してからは、普段何気なく使っている手の感覚も、声を聴くという行為も、より繊細に、敏感に感じようと思いました。触覚・聴覚・視覚などは、当たり前に与えられたものではないということや、今の自分の持つ感覚を、より大切にしたいと思ったからかもしれません。

　視覚障害のある乳児には、刺激を与え続けないと動かなくなってしまうことがあるそうです。それだけ、視覚から得られる情報がいかに大きなものか、改めて感じさせられました。視覚障害を持つ方の気持ちを知り、今の自分と向き合うためにも、貴重な経験のように思います。ダイアローグ・イン・ザ・ダークを経験できる施設は、日本にもあります。体験されたことのない方は、ぜひ一度、体験していただきたいです。

　ダイアローグ・イン・ザ・ダークに私たちを誘ったアテンドが、「大丈夫ですよ。安心してゆっくり来てください」と体験中の私たちに伝えてくださったことに、私たちは何よりの安心感を抱きました。その人の日常を知り、その人と同じ視点に立って、不安や心配なことに目を向けることの大切さを感じた言葉だと思ったからです。

　今、自分の中にある能力に目を向けて、必要だと思うところは誰かの力を頼るという心の強さや大らかさも、自分自身を助けてくれる一つの能力のように思います。

（橋本 紗弥佳）

8 マジカ・ムジカ協会 (Associazione Magica Musica)

■マジカ・ムジカ協会ってどんなところ？

　協会名の「Magica Musica」は、直訳すると「マジック（魔法）のようなミュージック（音楽）」となります。2008 年、障害者が「人生を楽

しむこと」を目的としてオーケストラが結成され、マジカ・ムジカ協会もミラノに非営利団体として設立されました。

　協会の主たる事業はオーケストラですが、最近は他の事業として5〜7歳の自閉症児向けのレッスン、歌の個人レッスン、心理士による支援、保護者の相談窓口、ムジカダンス（ダンス教室）、ムジコアトリエ（絵画教室）なども行っています。障害を持つ人の可能性を発揮する場を提供し、芸術活動を通じて自己表現をすることと、アイデンティティの確立を試みています。

　主となるオーケストラは様々な障害を持った約30名の団員で構成されており、楽曲のレパートリーは60〜70曲あるとのことです。過去には大統領の前で演奏をしたことや、イタリアで有名なテレビ番組（素人が出演して競い合うタレントショー）に出演し準優勝をとったこともあるなど、その活動はイタリア全土に認められています。

■今回の訪問について

　事前にマジカ・ムジカ協会のホームページにアクセスしてみると、私たち日本からの派遣団が訪問することが告知されていました。このことからも想像できますが、今回の私たちの訪問を楽しみにしてくれていたようで、実際にとても歓迎していただきました。

　たくさんの音楽と、市長をはじめとする多くの地元の名士で迎えていただき、会場は満員でした。マエストロ兼マネージャーであるピエロ・ロンバルディ氏のプロデュースにより構成された楽しくて、そして愛に満ちた有意義な時間を過ごしました（写真①）。

　演奏は日本とイタリア両国の国歌から始まりました。その後、私たちには各種レパートリーから20曲をリストアップされた一覧が渡され、聴きたい曲をリクエストして演奏していただくなど、双方向性のコンサートのスタイルでした。また曲と曲の間には地元カストローネ市の市

長や、州の上院議員、議会議員、警察署長、そしてマジカ・ムジカ協会会長（団員の保護者）の挨拶などが織り交ぜられながらコンサートは進められました。

　ご自身の娘がオーケストラの団員の一人でもある協会会長のビットーリア氏の挨拶では「当初は自分自身も知らない世界に娘を参加させることに恐れを感じたこともあったが、コンサートを通じて娘にも特別な能力があり、他人に希望や力を与えることができることが証明された。つまり、限界は私たちにある」と述べられていました。

　さらに、「今はオーケストラを通じて本当の意味で生きることができている。障害者の人権が認められる社会になることを願っている。インクルージョンな社会はイタリアにとって、そして世界にとっても重要である」とも述べられていました。

　指揮はピエロ・ロンバルディ氏のみならずマジカ・ムジカ協会の団員や（写真②）、日本からの訪問者である我々の仲間の一人が指揮をとって演奏する機会（写真③）もありました。言語や文化は異なりますが、音楽を通じて心を通わせることができました。

　演奏後には交流会も設定していただき、マジカ・ムジカの団員や地元

写真① ピエロ・ロンバルディ氏の指揮による演奏

の方々とコミュニケーションをとる時間も設けていただきました（写真④）。私たちもインクルージョンな環境を実際に体感し、幸せな時間を過ごすことができました。

　今回のイタリア視察の最後のプログラムがマジカ・ムジカ協会となりましたが、イタリアのフル・インクルーシブ教育、インクルーシブ社会の集大成とも言える視察先でした。

　帰国後、再び協会のホームページを訪れてみると、私たちが訪問し交流したことがメディアを通じて記載されていました。マジカ・ムジカ協会にとっても、今回の日本からの私たちの訪問はとても有意義な時間となったようでした。

■もっと詳しく知りたい！（団員が疑問に感じたことを質問してみました）

Q）オーケストラの練習はどのぐらいの頻度でしているのですか？
A）週に1回です。

Q）もともと音楽をされていた団員が多いのですか？
A）そうではないです。音楽には全く縁がなかった方がほとんどです。

Q）入団テストはあるのですか？
A）入団テストはしないです。団にいかに上手くとけ込めるかを大切にして判断しています。

Q）団員の楽器の選択はどのように決めているのですか？
A）それぞれどのような音楽的表現ができるかピエロ・ロンバルディ氏が確認し楽器を選択しています。「何ができるか」ということを大切にしており、仮に音楽的に何もできなくてもオーケストラに参加すること自体（居場所として参加することが）を重要だと考えています。

写真② 協会団員による指揮

写真③ 日本の団員による指揮

写真④ 交流会での様子

■学びのポイント

・この活動を知って参加するまでのプロセス
・障害がある子どもの保護者の不安と挑戦と見守り
・「尊厳のある演奏」により聴いている人にも尊厳を与える
・地域の方々との連携と密着
・芸術活動を通じてインクルーシブな社会の実現を可能にする

■訪問してみて印象的だったことは?

　最も印象的だったことは「尊厳」というキーワードでした。「一人ひとりが尊厳のある演奏をすることで、観客にもまた尊厳を与えることができる」というピエロ・ロンバルディ氏の言葉です。

　マジカ・ムジカ協会では、オーケストラをはじめとする芸術活動は楽しみながら行っており、治療や療法を目的とするものではないと言われていました。楽しむことは動機・モチベーションの向上になり、より良く演奏したいという能動的な意志にもなるとのことでした。結果として、一人ひとりの自尊心や自立心の向上にもつながり、より良いサイクルとして循環すると言われていました。

　そのような環境の基になっているのは「インクルージョン」な考え方で、ピエロ・ロンバルディ氏や地域の様々な方の支援があってこそ成り立っていると実感しました。イタリアが今まで築き上げてきたフル・インクルーシブ教育の結果の一つがマジカ・ムジカ協会であり、まさに「魔法のような音楽」を体感し有意義な時間を過ごすことができました。

(川野　琢也)

各団体のホームページ

1）バチカン博物館

    http://www.museivaticani.va/content/museivaticani/en.html

2）ローマ市

    https://www.comune.roma.it/web/it/welcome.page.

3）筋ジストロフィー・イタリア組合

    https://www.uildm.org/

4）Legacoop

    http://www.legacoop.coop/

5）COpAPS

    https://www.copaps.it

6）il martin pescatone

    http://ilmartinpescatore.org/

7）CADIAI

    https://www.cadiai.it

8）視覚障害研究所

    http://www.istciechimilano.it/

9）日本のダイアローグ・イン・ザ・ダーク

    https://did.dialogue.or.jp/

10）マジカ・ムジカ協会

    https://orchestramagicamusica.it/

第4章

障害のある人はイタリアで
どのような暮らしをしているのか？

　これまで、イタリアのフル・インクルーシブを支える学校の様子、支援機関や福祉機関の様子を見てきました。

　この章では、障害のある人の生活の実際はどうなのか。学校に通ってどうだったのか。お二人のお宅を訪ねて、お話を伺ってきたことを報告します。

障害のある方のお宅への訪問の様子

1 アンジェルマン症候群を有する
Lさん（31歳）のご家庭

※アンジェルマン症候群とは（難病情報センターホームページより引用）

　アンジェルマン症候群は重い知的障害、てんかん、ぎこちない動きを示し、ちょっとしたことでよく笑うなどの特徴を示します。出生1万5000人に1人の割合で生まれます。15番染色体短腕 q11-q13 に位置する UBE 3A 遺伝子の働きが失われることで発症します。乳児期後半から発達の遅れに気づかれることが一般的です。

　意味のある言葉を話すようになることは稀ですが、理解の発達は比較的良いとされています。80%ほどにてんかんが合併します。行動の特徴としては、容易に引き起こされる笑いがよく知られています。その他に、落ち着きのなさや旺盛な好奇心、水やビニールなどキラキラしたものに対する興味が見られます。

　乳児期から幼児期に睡眠障害の合併が多く、夜間中途覚醒や遅い入眠と早期覚醒に悩まされることが多いとされます。

■訪問先の概要

　Lさん（アンジェルマン症候群）は、母親と二人暮らしで、二階建ての家にお住まいでした。Lさんは現在31歳の女性で、生まれる前に脳に酸素がいかなかった影響で、脳に障害が残りました。

　20歳の時にアンジェルマン症候群であることが分かり、歩行に難があるため腰を落として室内を移動し、言語にも障害があるため言葉でのコミュニケーションは難しく、排泄時はオムツを使用しています。人に対してとても積極的な性格で、ハグをしたり、表情や発語の量で、どの

ような感情なのかが伝わってきます。外国のロックや音楽が好きで、夜
はよく音楽を聴いているそうです。

　主に母親が一人で介助をしており、Lさんの食事、入浴、着替えなど
の介助を行なっています。Lさんは、短い時間寝ては起きてを繰り返す
ため、母親は夜にLさんが何をするか心配で、ゆっくり眠れず、夜がと
ても大変だと話されており、母親も睡眠に問題を抱えているようでした。
Lさんが部屋で、一人になる時に事故などが起きないようにと、各部屋
のドアには鍵がかけてありました。

　母親は「全く誰も助けてくれない」という思いを持っていました。

【一日の流れ（平日）】
　6:15　起床　お風呂、着替え、朝食
　7:30　バスが来る　Lさんはデイセンターへ
　　　　その間に母親は買い物や洗濯などすべての家事をする。
　　　　デイセンターから帰宅後は、ずっと母親とLさんは一緒に過
　　　　ごす。
　午後　市町村派遣のヘルパーがきて、家事の手伝いをする。

【一日の流れ（週末）】
終日、母親とLさんは一緒に過ごす。土曜日は足のケアをする。

　私たちが訪れたのは、土曜日のお昼から午後にかけてでした。母親は、
Lさんの食事介助をしながらであったり、土曜日は足のケアをする日で
あったため、ケアをしながらインタビューに答えてくださいました。生
活のリズムを大切にしていることを感じました。

　■母親の想い

母親は、24時間介護をしていて、ファミリーケアギバー協会（家族介護者協会）の名誉会長でもあります。

　「イタリアでは、障害者の権利より労働者の権利が大事にされると感じています。というのも、私や娘を助けてくれるのは、私たちのニーズに基づいたものではなく、労働法によるものであり、週末は労働者は休暇を得るために、誰も何も私たちにはしてくれないのでそのように感じています。

　私のようなファミリーケアギバー（家族介護者）には、睡眠時間はなく、祝日も週末もないという状態です。これまでケアギバーとしての人権の尊重を様々な場所で伝えており、過去には欧州議会にも行きました。障害者の権利を尊重するために家族自らの人権を犠牲にしている現状があります。

　自分が休む、健康に生きる権利がない、自らの治療もできない、入院もできない経験をしたからです。社会的な生活の権利もなくなっています。障害に対する文化が遅れているとも感じています。

　宗教的な問題もあり、イタリアには、障害は神による罰という考えが、いまだにあります。こういう生活だと、友人と離れてしまったり、学ぶ権利や人権もないと感じています」

　「イタリアは〝法律を作っても実施されない〟という問題があります。例えば、30年前に、新築の建物はバリアフリーでなければならないと決められましたが、そんな建物はほとんどありません。お金がなければ、何も実施されません」

　■私たちと出会って

　Ｌさんは、明るい表情で、全員とハグをしようとしました。それをみて、母親は「今、本人は嬉しいのです。近づいてコミュニケーションを

図ろうとしています。嬉しくない時には、狼のように吠えます。さっきまでは、皆さんが来るので急いでいたので怒っていました」と説明をしてくれました。

■もっと詳しく知りたい！（団員が疑問に感じたことを質問してみました）

Q）デイセンターでは何をしていますか？
A）リハビリ、運動、遊ぶ、ジム、ロバのケアなど、毎日プログラムがあります。

Q）デイセンターの運営者は？
A）今利用しているのは親の会が運営しているデイセンターです。社会的協同組合で運営しているところが多くあります。働きたい人が少ないという課題があります。新しい仕事が見つかれば辞めてしまう人が多くいます。

Q）ショートステイはありますか？
A）ありません。

Q）デイセンターの利用料はいくらですか？
A）所得によります。一日いくらと設定されています。

Q）家計はどのようですか？
A）38年間、ある組織の広報部で働いていました。しかし、家族を在宅介護している状況に理解がなく、リストラに遭ってしまいました。今は、仕事ができず、蓄えを使って生活をしています。500ユーロ／月の障害者手当と280ユーロ／月の障害者年金※を受けています。

※障害者手当ては障害の程度で金額の差がない。 障害者年金は所得にもよって違いがある。

Q) Ｌさんはどのような学校に通いましたか？

A) 普通学校に行きました。学校は中学校３年生まで通いました。年齢としては18歳までです。何度でも自分の意思で留年をすることができますので、中学校３年生を４回やりました。高校へは行きませんでした。

　　インクルーシブ教育の法律は、良い法律だと思います。小学校は特に良かったです。中学校ではからかわれたりしました。でも、どんなにからかわれても皆と同じ学校に行くことが大事だと思いました。しかし、法律は良くても、資金がなければうまくいかない面が出てきます。

　　トイレとか食事の時は、学校の教員ではない協同組合から派遣されたアシスタントがつきました。追加の先生もいました。ただ、十分ではなかったように感じていました。そのため、学校の普通の先生がたくさん負担をしていたように思いました。

Q) 近所で支え合う仕組みはありますか？

A) 国ができないことをボランティアが行うことはよくあります。ただ、ボランティアは継続性に課題があります。不安定でもあります。また資格もありません。実際、14年間手伝ってもらいましたが、ボランティアを教育するのは私でした。

Q) 将来、あなたが亡くなった時、娘さんは誰がサポートしますか？

A) 幸い４人の子どもがいます。孫もいます。娘の兄弟が理解してくれてサポートしてくれると思っています。頼りになるのは、国ではなく家族です。私は、家族に恵まれてもいるので、良い方だと思います。

■イタリアの家族・障害担当相の職員に聞いた障害者の生活

　後日、様々な訪問を終えたところで、訪問先をアレンジしてくれ、日々同行していたイタリアの家族・障害担当相の職員と話をした内容をまとめました。

Q）生活の場所について
A）障害者の生活は、自宅か施設かのどちらかです。

Q）自宅でのサポートについて
A）障害の程度に合わせて移動や介護などのサービスが受けられ、訪問介護や訪問看護などもあります。市の担当者と AUSL（地域保健公社）の担当者が、自宅を訪問して、評価が行われ判断されます。役所のリストに登録された方がサービスを受けられます。ただし、予算が十分でなく、新規にリストに登録ができない状況もあります。また、登録しても順番が来ないという状況もあります。そのため全員の要望に応えられていない現状にあるようです。自宅での介護の場合、家族が担うことが多いですが、一方で、ファミリーケアギバーの制度が十分でなく、ケアギバーの人権が問題になっています。

Q）障害者がヘルパーを探す方法
A）① 社会的協同組合に頼む（その場合、手数料がかかってしまい、時間が減ってしまう）、②自分で知り合いや家族のつてを頼って探す、の２つの方法があります。
　州によって違いますが、多くの州では、社会的協同組合に依頼するのを勧めています。現状の問題点として、多くの場合、障害者のニーズではなく、ヘルパーの都合でケアの時間が決まることがあります。

Q）法律はあれど実施されない場合、行政裁判は起こらないのでしょうか？

A）訴訟の時間が長いです。州は、国からの資金がないことを言い訳にもします。事例として、学校で十分支援が得られないと訴えられるケースがありました。原告が勝訴するものの、予算がないため、結局は実施されていない現状があります。

■ファミリーケアギバーについて

別の日の会議で話された CONFAB の方によるファミリーケアギバーについての説明です。

CONFAB は、障害者のいる家族のための組織です。障害者がいるということは横には家族がいることでもあります。そこで、障害者の家族という概念が出てきます。CONFAB は、1999 年に設立されました。障害者がいる家庭に、家族が早期に退職することを促進するための法律を作るため 20 万人の署名を集めました。それが元になり、CONFAB ができました。

■ CONFAB の取り組み

イタリアではファミリーケアギバーを認める法的措置がないということを、CONFAB は欧州議会に申し立てしています。手続きは進行中で、欧州議会からのヒアリングを受けています。欧州議会は認めるようにとイタリア政府に督促をしています。2015 年には、国連に対しても申し立てをしました。家族の人権が侵害されているということです。これも進行中です。

イタリアの法律において、ファミリーケアギバーに対しての措置がな

いうことに取り組んできました。2017年ファミリーケアギバーが法律によって定義されました。法律によって政策を実施するために3年間2000万ユーロの予算がつきました。

　ファミリーケアギバーとは、自立ができない障害者を家族が家でケアすることです。愛による選択でもありますが、やむを得ない選択でもあります。ファミリーケアギバーについては、2つの観点があります。

　① ファミリーケアギバーは、ボランティアではない
　② 同時に、ヘルパーのような職業でもない

　強調したいのは、障害者に対する資金と家族に対しての資金と区別するべきということです。障害者にはニーズや権利があるが、また別にファミリーケアギバーにもニーズや権利があるということです。

　現在、ファミリーケアギバーには闇しかありません。ファミリーケアギバーを定義した法律があり、予算もありますが、どのように使うかという政策が決まっていないので、実現されない現状があります。66%の人が介護するために仕事を断念しなくてはならない状況です。研究によると、ファミリーケアギバーは寿命が17年短くなるというのがあるくらい、精神的・身体的な負担があります。

　ファミリーケアギバーに対して求めている措置は、
　・社会保障として、早期退職できること、早期年金受給ができること
　・病気になったら、自分を治療する権利、余暇の権利を保証するための措置（これらは、基本的な人権で、現在実現されていない状況です）
　・ファミリーケアギバーの活動を支援する在宅の活動
が現在の概要です。

　障害者施策においては、家族を重視する必要があると思っています。

障害者本人の観点から見ても、家族によって介護されるのが最も理想的と思っているからです。

　国の観点からも、施設の利用が削減され、国のコストが少なくなるからです。

（鈴木 佑輔）

❷ ダウン症候群を有するＳさん（45歳）のご家庭

※ダウン症候群とは（メディカルノートより引用）

　ダウン症候群とは、よく「ダウン症」と呼ばれる染色体の病気です。ヒトの正常の体細胞では、22対の常染色体と１対の性染色体があり、合わせて計46本の染色体を持っています。しかし、ダウン症では21番の染色体が通常２本のところが３本になっているトリソミーを示し（標準型ダウン症）、それにより各種症状が認められるようになります。

　筋肉の緊張低下・特徴的顔貌・成長障害などが見られ、全体的にゆっくり発達します。心疾患などを伴うことも多いのですが、最近では医療や療育、教育も進んでおり、多くの子どもたちが学校生活や社会生活を送っています。

　現在、日本でのダウン症患者数は約８万人、推定平均寿命は60歳前後と考えられており、発症率は約700人に１人と推測されます。

■訪問先の概要

ローマ市内に、ご本人（ダウン症候群・45歳・女性　以下Ｓさん）と、母親の２人暮らしをしているご家庭を訪問しました。

　ご自宅はローマ市郊外で、閑静な住宅街の中にありました。訪問すると、Ｓさんの母親が両手を広げて、笑顔で私たちを出迎えてくださいま

した。自宅の広いリビング
には、多くの絵画が飾られ
ており、鮮やかなカーペッ
トが敷かれ、穏やかで明る
い生活が営まれている印象
を受けました（写真①、②）。

写真①　ご自宅内の様子

　私たちが予定よりも早く
着いたこともあり、訪問時
には「（Sさんは）おそらく
近所のカフェでくつろいでい
るのではないか？」と母親が
話されていました。また、迷
子になっても、街の中で人
に尋ねることができるので、
帰ってくることが可能だそう
です。

写真②　ご自宅内の様子

　そのことを受け、私たちは
Sさんが自立度や生活能力の
高い方なのだと感じました。この日も母親は心配する様子はなく、私た
ちにすぐに対面できない申し訳なさを伝えつつも「すぐに戻ってくるか
ら」と、落ち着いて帰りを待っているように感じました。
　しばらくするとSさんは帰宅し、カフェでカプチーノを飲んでいたこ
とや、ショッピングを楽しんでいたことを伝えながら、母親と同様に笑
顔で私たちを迎えてくださいました。コーヒーや手作りのケーキをいた
だきながら、ご自宅に2時間ほど滞在しお二人の話を聞きました。
　訪問中、写真を撮るためにSさんに要所で声をかけると、Sさんは私
たちに話しかけながら、親しみを込めて両手を出すなど、ポーズをとっ

て下さるような、とても社交
的で愛くるしい方でした。

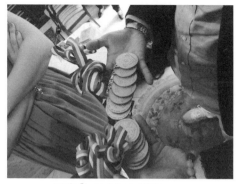

写真③ Sさんのメダル

　Sさんは、5歳からスペ
シャルオリンピックス・イ
タリア協会に登録をしてい
ます。ローマでは初めて登録
されたそうで、18歳から本
格的に競技（新体操）を始め
ています。Sさんの部屋には、
スペシャルオリンピックスの功績であるトロフィーや写真が棚に沢山飾
られ、メダルはきれいに箱に収められていました（写真③）。

　私たちに見せながら説明をしている様子は、スペシャルオリンピック
ス・イタリア協会を通して、自分自身にも誇りを持っていることが伝わっ
てきました。

　始めたきっかけは、母親の知り合いにスペシャルオリンピックスの関
係者がいたことだそうです。普段の生活やこれまでの生活についてなど、
お二人に様々な質問をしたのですが、母親が私たちに話をすることが多
いので、Sさんは「お母さんばかりしゃべらないで。私のことなのだから、
私が話す！」と険悪な顔をして主張していました。その際、母親は「ご
めんね。分かったわよ」と、動じることなく、Sさんにゆっくりとした
口調で伝えていました。

　Sさんの憤りの感情も徐々に収まり、私たちの質問に対して次第に笑
顔も見せながら、自分がどのようなことが好きで、これからはどんな生
活を送りたいかを具体的に話している様子が見られました。他者に伝え
ることへの不安を感じず、言いたいことはその場で伝え、堂々としてい
る姿も印象的でした（写真④、⑤）。

■Sさんの学校教育について

　Sさんは、6歳から20歳まで普通学級に通っていました。Sさんは、小学校については「楽しかった」と話しており、その理由の一つとして、「全てにおいて同じことが経験できた」という発言がありました。

　これについて母親は、母親自身が英語教諭で、教育に対する必要性を感じ、Sさんは生後6か月

写真④　母親が説明している様子

写真⑤　Sさん（左から3番目）が説明している様子

から、教育（ドーマン法※）を受けていたこともあり、それらを含め、楽しめた理由の一つなのではないかと話されていました。中学時代はラテン語の授業が大変で、Ｓさんは泣きながら取り組んだそうですが、「やらなくちゃいけないものはやらなきゃ！」という気持ちでいたそうです。

　※ドーマン法（脳障害回復プログラム）
　　障害を受けていない脳細胞に働きかけ、新たな回路を作ることで好転させるという、脳障害児へのリハビリプログラム。

　この頃は、特に学業で他の子どもと同じようにできないことを問題と感じていたようで、親子共に様々な不安があったようです。しかし、その不安は他の子どもたちと共に学校へ通い、時間・場所を共有することで次第に軽減されたそうです。
　中学校時代は１年間留年し（イタリアでは義務教育の間、３回までの留年が可能）、中学卒業後は、保育士の専門学校へ進学しました。しかし、進学後は障害者が保育士を目指すことへの偏見があり、退学しました。その後、別の学校で４年間過ごしています。
　Ｓさんも母親も、普通高校の卒業を希望されていましたが、卒業した証明書を得ることはとても難しい状況にあったようです。知的障害がある場合、高校の全ての教科を受講していなくてもよいとされているそうですが、その代わりに卒業時の証明書が他の生徒の証明書とは異なるものが発行されます。そのため、大学への進学などが難しいのが現状のようです。
　実際に全ての教科を受講していたとしても、異なる証明書が発行される場合もあるそうで、知的障害がある場合は、高校の卒業資格を得るのは、とても難しいことだと話されていました。
　母親は、フル・インクルーシブ教育に関して、「当時の家族の不安を解消してくれた。家族側は、障害のある子どもを持つと、守ろうとして

しまうが、自立することに目を向けることができた。他の子どもとの接点があることは良い」と高く評価していました。

■学校を卒業してからの様子・現在の様子について

　Sさんは専門学校を卒業後の数年間、人材育成の会社に勤務し、選挙運動の活動やオフィスワークを行っていました。その後、知人の紹介で、2年間はレストラン（パニーニ屋）で働き、そこではダウン症候群・知的障害・自閉症を有する14人の障害者が働いていたそうです。
　当時の、障害者の就職率は30％程のようでした。現在、Sさんは働いておらず、ダウン症候群を有する方を支援する協会※で事務ボランティアを行ったり、スペシャルオリンピックス・イタリア協会に所属し週2回ほど新体操の練習を行ったりと、自己選択・自己決定に基づいた生活を送っています。

　　※ダウン症候群を支援する協会
　　　イタリアにはダウン症候群を有する方を支援する社会的協同組合があり、
　　　高校を卒業した2〜3割の方がファストフードのカフェで働いている。

　過去にはレストランや事務作業を仕事にしていましたが、「もう働いたから充分」、「仕事ができたら嬉しいけれど、今の生活を楽しみたい。カメラを撮る教室に行ったりもしたい」と、自ら今の生活を選択していました。
　金銭面では、障害者のための手当や障害年金を受給して生活しています。生活する上での難しさや困難について伺うと、「私は自立しているので、あまりない。障害の程度や内容によっては、困っている人もいると思う」と、Sさん以外の人にも配慮しながら、客観的な意見を述べていました。

■もっと詳しく知りたい！（団員が疑問に感じたことを質問してみました）

　ここでのA）は、Sさんの母親からご意見をいただきました。

Q）フル・インクルーシブ教育が導入されても、障害者に対する偏見や
　差別はありますか？
A）障害があることで、子どもに危害を加えるのではないか？という偏
　見から、（Sさんは）保育士の学校を退学しました。ある程度の偏見は
　仕方がないと思うが、フル・インクルーシブ教育を行うことで、お互
　いに知る機会が得られ、偏見ではない見方が浸透してくると思われま
　す。

Q）障害者の方の偏見がなくなるためには、どうしたら良いと考えます
　か？
A）子どもを産んだ時、「本当に良いのか？」と聞かれました。社会全
　体が理解してほしいことと、寛容になってほしいと思います。正しい
　組織に出合うことや、運の良さもあるかもしれません。また、その子
　自身がどのような環境に合うかもまず考える必要があります。障害の
　ない人、ある人にも問題はあるので、受け入れる心が大切だと思って
　います。

　■学びのポイント

・障害を持つ子を理解するということ
・障害の有無に関わらず、同じ教育を受けることの大切さ

■訪問してみて印象的だったことは？

　お二人が、私たちを快く迎えて下さり、現在の生活や心配なことも含めて丁寧にお話してくださいました。訪問させていただいた時の第一印象としては、穏やかで心のゆとりが感じられる様な生活を営んでいるということでした。私たちには分からない不安や苦労もあったと思います。

　親子での会話の様子を拝見していると、母親はSさんのやりたいことを尊重しながら、その時に応じた言葉でSさんに接し、Sさん自身も日々選択をしながら充実した日々を送られているのだろうな……ということを感じます。

　母親はSさんに障害があると知ってから、今後課題となり得ることを予測し、積極的な介入による教育を幼少期から行っていた様子からも、「その人の状態を知る」ことの重要さを感じました。状態を知るだけではなく、学童期には障害のない子どもとも接してほしいという母親の思いや希望からも、Sさんのためになる方法を常に試行錯誤されていたのだと思いました。

　幼い頃からの教育や家庭環境は、今後、その人がどのような経験を積むことができるのかに、とても大きな影響を与えるものであることを、改めて感じています。

　仕事についてSさんに伺った際、現在、働かないということを選択していましたが、それに対して、見守る姿勢を持っている母親を見た時には、見守りの在り方も学びました。

　日本では、自立度が高いのなら、働きなさいという言葉が返ってくるのでしょうか？　それとも、働くということはまず置いて、その人のできることを優先に考えるのでしょうか？　考え方は人それぞれかと思いますが、イタリアならではの、個人を尊重するというかかわり方の一つ

を見たように思います。

　Ｓさんが私たちに「障害の程度や内容によっては、困っている人もいると思う」と話して下さいましたが、障害のある人が皆、同じような教育や生活が営まれるためには、知識・資金・時間が必要です。取捨選択をするタイミングと、一人ひとりのニーズに対してどう目を向け、かかわりを持ったら良いのかを考える、今回の訪問でした。

（橋本 紗弥佳）

第5章

日本での共生社会
実現に向けたヒント

　第5章では「日本での共生社会実現に向けたヒント」と題し、フル・インクルーシブ教育が実践されているイタリアが抱えている課題、イタリア人の声を検討します。そのうえで、インクルーシブな社会を目指し、日本で実践している例を派遣団の一員である奥結香の活動（NPO法人 Teto Company）をご紹介いたします。

　この章では、誰もが暮らしやすい社会を目指した活動のヒントをお届けしたいと思います。

イタリア派遣団員とイタリアの日本招へい青年

■1 イタリアのフル・インクルーシブ 教育実践における課題

　イタリア社会の中でフル・インクルーシブ教育はすでに当たり前の制度となってきています。一方、取り組みを開始して約40年経った今でも、もしくは今だからこそ運営やサービスの質などに課題が生じているという現実を今回知ることができました。

　障害のある児童の保護者が感じた課題について、ある母親は「中学校では学ぶ内容が難しくなる。また、思春期に入り友人との関わりが難しくなることもある」と語っていました。小学校では障害のない子どもたちとすべて同じことを経験することができて良かったと感じていたようですが、進学するに伴い、学習面や学校生活全般において障害のない子どもたちと同等のことを行うことが難しい局面も増え、いくつかの問題も生じた事実があったようです。

　一方、教育現場では、「フル・インクルーシブ教育を担う教員」の課題と、「教育体制」における課題が存在しているようでした。

　フル・インクルーシブ教育現場では、全ての教員に様々な障害への対応が必要となる可能性があります。それにもかかわらず、十分に研修やトレーニングを受ける環境が整っていないという課題が生じていました。

　また、「教育体制」における課題としては、イタリアの場合、制度は整っているにもかかわらず、十分機能できていない現状が見られました。

　イタリアのフル・インクルーシブ教育はさまざまな機関と連携を取ります。訪問先のアントニオ・ロスミニ小学校でも、個別教育プランを作成する際に家族やセラピスト、教員、補助教員、校長、必要に応じて保健所の神経科の医師が加わって協議をしていると説明を受けました。制度として、フル・インクルーシブ教育を実現するために学校教育、福祉、

医療の壁を取り除き、協働して障害のある児童に対し支援が行えるように体制が整えられています。

　しかし実際には、補助教員が不足しているために、本来の業務に加えて補助教員の役割を担っている教員の姿がありました。また、「補助教員や基礎アシスタントが配置されてはいたが、常に配置されているわけではないため、支援が不十分であった」という話もありました。

　その結果、担任である教員が障害を抱える児童に対し、時間をとってその子が理解できるように授業の説明を行うなどの特別な対応が必要となることがあったそうです。加えて、フル・インクルーシブ教育が始まった当時には、十分な支援が得られていたが、徐々に資金の不足による支援の不足を経験している話を実際に耳にしました。

　これらの課題の背景には、教育に充当する予算を含めた資金の問題が大きく関与しているようでした。

　また、橋本らは、[1]「以前は障害のある生徒1人に対し支援教師1人が配置されたが、財政難から障害のある生徒2人に対し支援教師1人の配置になっている」、「自閉的な傾向のある児童が、中学校に進学する準備として、中学校に入学する前の4か月（3月から6月）、週に1回小学校の教師と一緒に中学校に通った。（中略）中学校に付き添いで一緒に通った教師は、時間外に無給で勤務した」、「以前は障害のある児童が在籍する学級の定員は20名であったが、財政難から、障害児が在籍しているにもかかわらず、生徒数が26名～28名の学級がある」と報告しています。

　今回、訪問した小学校はローマにあるアントニオ・ロスミニ小学校のみでしたが、その他の訪問先でも多く耳にした課題の一つとして、「イタリアにある20の州の各地域によってサービスの質に差がある」ということでした。そのため、フル・インクルーシブ教育の質も学校によって差が生じているようでした。

　大内らは、[2]「南北問題もインクルージョンへの対応でも大きな課題になっていること、政治的にも経済的に安定した状況とは言えない国内事

情が教育全般に大きな影を落とし始めているということも確信できた。このことは、イタリア国内からの参加者も深く認識していて、こうした課題を認識しつつインクルージョンの教育システムをさせようとする強い意志を感じた」と報告しています。

今回の訪問でも、イタリアでの南北問題を含めた政治的、経済的な国内の事情が教育全般に大きな影響を及ぼしているという課題と、それに対する各立場からの意見を確認することができました。

現在のイタリアでのフル・インクルーシブ教育実践の大きな課題は、資金の不足でした。資金不足に伴い、教員の研修やトレーニングを受ける機会の不十分さ、補助教員を含めた支援体制の脆弱さが生じていました。また、この状況は学年が進むごとに深刻さを増しているようでした。資金や人員などの体制が十分に整っていない状態でフル・インクルーシブ教育を行うことは、障害児に対する偏見を生みかねないとの意見もあり、自治体の予算が十分にあるかどうかがフル・インクルーシブ教育の実施に大きな意味を持っているようでした。

しかし、これらの課題はすでにイタリアでは十分に認識されているようで、私たちが訪問した首相府の担当者が今後の課題として「全国共通のサービスを統一すること」を挙げていました。

すでに円滑に実施され、実績があるフル・インクルーシブ教育の現場を参考に、それ以外の地域におけるサービスや環境をいかに整えていくことができるかが課題なのだと思われました。

(勝田 茜)

* 1　橋本鈴世, 竹下ルッジェリ・アンナ, 他：イタリアにおけるインクルーシブ教育（1）－フィレンツェ市における現地調査から－. 特別支援教育臨床実践センター年報（4）：pp37-52, 2014
* 2　大内進, 藤原紀子：イタリアでの国際会議「第7回学校におけるインクルージョンの質（7 Convegno Internazionale La Qualita dell'integrazione scolastica)」報告. 世界の特別支援教育（25）：pp29-38, 2011

❷ 誰もが暮らしやすい社会を目指すヒントとなる イタリア人の声

　イタリアでは多くの機関や施設を視察しましたが、その視察先の担当者の話のなかには、誰もが暮らしやすい社会を目指すヒントとなりそうな言葉がいくつか聞かれました。帰国後研修の場における振り返りで、各団員が印象に残っていた言葉の多くはどれも同じで、私たちにとって心に響き、刻まれていました。

　「第3章　障害のある人を支える様々な機関や団体」で先に紹介されている言葉もありますが、私たちイタリア団員の多くが印象に残った言葉をここで共有したいと思います。そして、これらの言葉が、医療・福祉・教育など様々な立場で障害者支援の実践に取り組んでいる皆さんの背中を押すヒントになれば幸いです。

● ヴィンチェンツォ・ファラベッラ氏（障害者協会／会長）
「障害者政策はコストではなく、投資として考える」
「障害者に対する受動的な政策は投資がないと意味がない」

● アンドレア・ベヌート氏（ローマ市庁舎／ローマ市障害者政策市長代理）
「知ることで恐れなくなる。知れば知るほど偏見はなくなる」
「環境が障害を作っている」
「障害のある人のためだけでなく、ベビーカー使用者や高齢者にとってもアクセスが可能となる。これがインクルージョンの考え方になる」

● マセラ・トマセッティ氏　（筋ジストロフィー・イタリア組合ラツィオ州／所長）
「当事者がいなければ、積極的に会話しなければ、どの目標も達成で

きない」

● リサベッタ・ベンフィナーティ氏 （社会的協同組合 CADIAI ／未成年
担当者）
「サービスの目的は本人が可能である限り最高の自立を保障すること
である」
「障害者がクラス全体の資産であるように働きかける、つまり社会全
体の資産である」

● マルゲリータ・レヴィ氏 （サンラファエレテレソン遺伝子療法研究所／
ケアコーディネーター）
「ほほえみは心と体の特効薬」

● フランコリ氏 （視覚障害研究所／ディレクター、障害当事者）
「目は見えなくても、それは悲しいことではない。他の感覚を研ぎ澄
ますことで見える世界がある。だから、目が見えなくて可哀想と思わ
ないでほしい」

● ピエロ・ロンバルディ氏 （マジカ・ムジカ協会／マエストロ兼マネー
ジャー）
「療法や治療という言葉を使わない。楽しめることを追求する」
「限界は我々の頭の中にしかない」「弱点こそ強みだ」

（中村 篤）

❸ フル・インクルーシブな社会を目指す
日本での実践事例～カラフルの挑戦～

人口２万人程、高齢化率45％を超す大分県竹田市に 2018 年 10 月に

開所した地域コミュニティ「みんなのいえカラフル」（写真①）。年齢や立場、障害の有無にかかわらず誰でも立ち寄ることができる地域の集いの場です。

0歳〜102歳まで、1年間で延べ4500人を超える方が訪れました。

写真① みんなのいえカラフルの正面

■カラフルの活動の原点と福祉の課題

介護福祉士の専門学校を卒業した20歳の頃、重症心身障害児（者）施設で介護福祉士として勤務したことが、私のカラフルの原点です。

その時に、重度障害者の生活の質に関する課題や、地域社会との接点の無さ、そして社会から差別・偏見の目を向けられる存在だと感じる場面があり、現在の福祉のあり方に疑問を感じるようになりました。そのような福祉を変えていきたいという想いを抱き、現場を知るために10年間は福祉・教育の現場で経験を積もうと心に決め、発達障害のある未就学児・児童の支援員や特別支援学校教諭として勤務。その後は青年海

外協力隊の隊員としてマレーシアの障害児支援に携わりました。

それらの経験を通して見えてきた福祉に対する課題は以下の4点です。

① ケアされる側・ケアする側がはっきり分かれており、上下関係が生まれている。そのことにより本人の主体性や能力を奪う可能性が生じている。

② 福祉制度を活用してはいないけれど生きづらさを抱えている人（福祉制度に乗らない困りごとや福祉制度の利用方法が分からないなど）はいる。その逆に、制度に縛られて困っている人もいる。

③ 福祉サービス（公助）は必要であるが、インフォーマルな社会資源（地域の中での繋がりや助け合い・支え合い、互助・共助など）が希薄になる可能性もある。

④ 縦割りの福祉制度（障害者は障害者施設、高齢者は高齢者施設、子どもは児童施設など）により、多様性を知る機会の損失となっている。その結果、差別や偏見が生まれやすい。

上記のような課題が見えた時、福祉制度利用による社会（ここでは学校や職場、施設などの組織化された空間のことを指す）への橋渡しのサポートだけでなく、落ちる人が出ないよう地域の力で埋め立てを行い、フラットにする必要があると感じました（図）。

また、学校現場でもなく福祉施設の中でもなく、地域に焦点を当てて多様な方々がつながるきっかけの場・支え助け合いが自然と生まれる場所を作りたいと決意し、今に至ります。

■みんなのいえカラフルの一日

古民家を改修した「みんなのいえカラフル」のオーナーは、84歳に

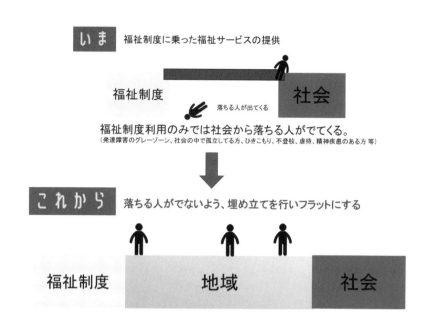

いま 福祉制度に乗った福祉サービスの提供

福祉制度 社会

落ちる人が出てくる

福祉制度利用のみでは社会から落ちる人がでてくる。
（発達障害のグレーゾーン、社会の中で孤立してる方、ひきこもり、不登校、虐待、精神疾患のある方 等）

これから 落ちる人がでないよう、埋め立てを行いフラットにする

福祉制度 地域 社会

図　福祉と地域をフラットにする

なる川口芳之さんです。サザエさんのような明るさとおっちょこちょい加減、「竹田のマザーテレサ」と呼ぶ人がいるほどの温かい優しさを持つ人物です。

　ご縁があり川口さんと出会って意気投合し「若い人がお金がないことを理由に、やりたいことをできないのはおかしい！　あなたの想いは間違っていない」と所有していた古民家を改修し、使わせてくださることになりました。

　カラフルの利用には予約は不要です。来たい時に来たい人がふらっと来ることができます。来たい時にふらっと来ることができない近隣の高齢者施設の入所者の場合、施設から利用（「来たい」）の連絡が入った際はこちらから施設まで迎えに行きます。

　いつも、初めに来られるのは93歳の方です。カラフルをオープンした日から欠かさず開所日には来所されています。いつの間にか料理番長

と呼ばれるほどになり、その方が来所すると、「今日も、出勤お疲れ様で〜す」と、冗談を言いながら笑い合います。

その後、少しずつ他の来所者も集まり……、朝はゆったりお茶を飲みながら、地域の方からいただいた野菜やお米などの差し入れを見て、みんなで昼食メニューを決めます。それぞれ自分ができることを無理なく行い、調理も行います。もちろん、調理に参加しなくてもOK！　自分の時間を過ごしたりお子さんと遊んだりして過ごされる方もいます。

食事が完成するとみんなで食べます（写真②）。高齢者、障害者手帳をお持ちの方、乳幼児と保護者、通りすがりの観光客、仕事の合間に立ち寄る方など様々です。一人でほかの部屋で食べる方もいます。

昼食後はトランプゲームを楽しむグループや、折り紙をしている方、お喋りを楽しまれている方など、それぞれが自由に過ごされています。初めて来られた方や場の雰囲気になじめない方、場に飽きてきた様子が見られた時には、スタッフや常連の来客者がトランプやゲームに誘うなどをし、場を和ませるように雰囲気づくりをします。

それぞれが自由にバラバラですが、なぜか一体感があることがカラフ

写真②　食事の様子

ルの魅力です。

■インクルージョンな居場所の良さ

　カラフルでは、常連の方がスタッフの代わりに他の来客者を出迎えてくださっていたり、高齢の方の肩をもんでいたりと自然と助け合いが生まれています。「子どもたちに昔ながらの釣りを教えたい」「実家でよく作っていた餃子づくりをカラフルでしたい」などの提案が上がることや、市内外の方から「カラフルの場所で皆さんと〇〇したい」などの提案も届きます。その場合はできる限りカラフルがサポートをして実施し、さらに自由に提案が広がるように心がけています。

　カラフルでは何かを必ずしなければならないという決まりはありません。ですが、初めは料理などに一切参加しなかった高齢の方が、半年後には自ら積極的にお子さんと遊んだり料理の手伝いをしようと声をかけてくださったりと、いつの間にか一緒に何かをしていることも多いです。"そのままの自分を受け入れてくれた"という土台ができたからこそその姿なのだと感じています。

　障害のある方もそうでない方も共に過ごす居場所の運営を行うなかで、来客者からは「障害がある方を含め、いろいろな人がいることに慣れた」という声や、障害のある方からは「街の中で挨拶をされて嬉しかった」という声が届くようになりました。

　また、これまで福祉施設には継続的に通うことができず、ひきこもり状態だった方から、「行かなければいけないというプレッシャーがないからカラフルには行きやすい」という言葉をいただいています。

　乳幼児を子育て中の保護者の方からは「ここに来て、多くの高齢の方が自分の子どもを抱っこして嬉しそうにしている様子（写真③）を見て、産んでよかったなぁと思いました」という手紙をいただいたことも。そのような声が日々の運営をする上でのパワーになっています。

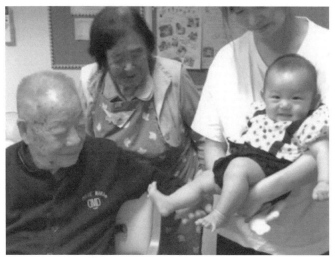
写真③ 高齢者が子どもをあやす様子

■地域の協力と他団体との連携があってこその場

　子連れの保護者さん、観光客、近所の方だけでなく、高齢者施設入所者や障害者福祉施設通所者、家庭背景が複雑な子どもや、発達障害のある子ども、精神疾患や認知症のある方なども来所するカラフル。それに伴い地域包括支援センターや近所の高齢者施設、学校とのゆるやかな連携も行っています。

　施設入所者の方の利用に関しては、「何かあったら誰の責任なのか」などの話し合いからスタートし、施設との話し合いを重ねて利用が可能となり、施設との連携を行っているケースもあります。

　施設入所者の方がカラフルで過ごされて帰る時、小さなお子さんは自分が行くと高齢者が喜ぶことを知っているからか得意気に「ぼくも一緒に行く！」と言い、気が付くと手を繋いで歩いていることもあります（写真④）。

写真④　送迎の様子

施設や行政機関だけでなく、傾聴ボランティアの方が来てくださったり、他の団体の方も協力してくださったりと、様々な機関との連携・協力があることにより成り立っています。

■トラブルが起きるのは当たり前 !?

多様な方々が集う場所であるからこその課題も多くあります。「いろいろな方が来ることでトラブルは起こりませんか？」と、聞かれることがあるのですが、日々トラブルだらけです（笑）。

初めは、そのような状況に私自身もストレスを感じることが多々ありました。ですが、よく考えてみると考え方も生き方も様々な人が集うということは、トラブルが起きることは当たり前なのではないかと思います。トラブルが起きそうな時に「じゃあ、どうする !?」と考えるのが意

外と楽しくなってきたりもします。

　また、トラブルが起きた時も運営側でどうにかしようとするのではなく、お子さんのかわいらしい一言で場が和んだり、トラブルがみんなの笑いに繋がったりすることもあります。トラブルを個人が抱え込むのではなく、その場にいる者同士で共有できることでストレスを感じにくくさせるのかもしれないと思うこともあります。

　トラブルの内容によっては本人の許可を得て、トラブルを起こした方が通っている福祉施設と連携をし、どのようにしたらお互いが気持ちよく利用できるのかを話し合う機会を設けることもあります。

■試行錯誤の日々の中で

　来所者のなかには、認知症の症状がある方や自分の物忘れや老化現象に不安を感じている高齢者がいます。その根底には、迷惑をかけたくない、できない自分はダメだという想いがあるようです。「迷惑をかけてもいい」「できない部分は誰かが代わりにやるから大丈夫」というメッセージを言葉や態度でお伝えするようにしています。スタッフが失敗した時にも「ま、いいか」と笑いに変える雰囲気を大切にしています。周囲に迷惑をかけるのではないかと気を遣い、これまで通っていた習い事やサロンへの集まりに参加しなくなった高齢の方から「カラフルに来ることだけが楽しみ！　ここしかない」と言われたことがあります。嬉しい反面、他の場所でも安心して過ごすことができるようインクルージョンな地域にしていかなければと複雑な気持ちになります。

　他人の目や誰かの評価を気にして、胸を張って過ごせないことは誰にでもあるのではないかと思いますが、それはもったいないことだと思います。そうならないためにも、安心して失敗して、安心して挑戦ができる雰囲気づくりを心がけています。

　みんなのいえカラフルでは、できる限りスケジュールやルールを決め

ていません。ルールを決めることでカラフルの色が決まってしまうと感じています。カラフルの色や雰囲気はスタッフだけでなく来所者含め、みんなでつくっていくものだと考えているからです。また、ルールを作ることで正解・不正解がうまれ、不正解な行動をする者に対する批判が起きやすくなるとも考えています。

　課題の一つとして、福祉の場所だと思われないようにどのように運営すればよいのかという点があります。福祉の場所だと見られてしまうと、来所を避ける方もいますし、子どもの発達に不安を感じた保護者が抵抗なく相談できる場所ではなくなってしまいます。そのようになると早期療育の機会を失うだけでなく、カラフルの目的の一つである多様性を認め合うインクルージョンな地域づくりのきっかけすらなくなってしまいます。

　みんなのいえカラフルは、福祉施設ではなく地域コミュニティです。そのため、できる限り福祉の雰囲気を出さないように環境整備などを心がけています。

　日々、試行錯誤しながら活動を続けていますが、"多様性を認め合う""共生社会"という最近よく聞かれるワードの実現は簡単なことではないと実践を通して感じています。

■ "インクルージョン" な場づくりをこれからも

　年齢・障害の有無やその人の持つ背景に関係なく同じ空間で過ごしているうちに、自然とお互いを認め合えるような居場所……。これがインクルージョンな社会を実現するための小さな手段の一つだと考えています。

　人間はもともとグラデーションのようなものだと感じています。見た目も能力も学び方も性格も一人ひとり違いますが、社会が決めた基準に

より線引きされ、健常者・障害者と二分されてしまったように思います。共に過ごすことで「別の人間」ではなく、「自分と同じ人間である」という当たり前のことに気づくことができると考えています。また、できる人・できない人で判断する社会は、いつでも「できなくなる」ことに対する恐怖がある生きづらい社会ではないでしょうか。

　インクルージョンな社会は、そのままのその人で生きていいのだと思わせてくれる温かい社会であり、互いの違いを認め合えることによって自分自身も認められるようになる社会なのではないかと考えています。

　2019年9月にNPO法人Teto Companyを設立しました。「ひとりぼっちをつくらない社会」をつくることをビジョンに掲げ、現在はみんなのいえカラフル内で、放課後等デイサービス・児童発達支援事業も実施しています。地域のお子さんがふらっと来所し活動に混ざっていることもあり、障害の有無にかかわらず"あそび"を通して繋がりあう子どもたちの姿があります。

　今後も、みんなのいえカラフルの運営を続けるとともに、ひとりぼっちをつくらない社会の実現に向けて「Think globally, act locally（グローバル思考で行動は地域密着型）」で行動していきます。

（奥 結香）

おわりに

　今回、イタリアで約40年前から実践されているフル・インクルーシブ教育を中心とした人々の暮らしを見聞してきました。

　日本とイタリアのインクルーシブ教育の違いについて本書の中でも述べていますが、日本のインクルーシブ教育では子どもの状態に応じて教育を受ける場所を選択することができ、イタリアのフル・インクルーシブ教育では住み慣れた地域で教育を受けることができるという違いがあります。

　インクルーシブ教育については、ほかにも違いがあるため、派遣団員のなかでも帰国後の振り返りを含め両国の制度の違いについて議論を重ねてきました。

　そのなかで、それぞれの制度に良さがあり、一方でどちらも完璧な制度ではないということを理解しましたが、結果として、「どちらが良い制度なのか？」という点について言及することは、非常に難しい問題であると感じています。ただ、イタリアのフル・インクルーシブ教育を目の当たりにし、「日本のインクルーシブ教育のあり方はこのままで良いのだろうか？」という疑問を感じました。

　そのため、私たちはイタリアでの体験を振り返り、日本のインクルーシブ教育が当たり前の制度ではないという気づきや関心を向けるきっかけの一つになることを願い、私たちの体験記を出版することにしました。

　イタリアを訪問した派遣団員は、日頃関わる対象者や立場がそれぞれ異なっていますが、おそらくほとんどの団員が「イタリア社会の根底にある全ての人を包み込もうとするインクルージョンな視点」について、

派遣を通して感じたのではないかと思います。

　団員たちが感じたインクルージョンな視点については、本書で紹介している視察先の取り組み、障害のある人の暮らし、イタリア人の声など、それぞれが担当した原稿の中に込められています。

　ただ、あえてこの場で一つ強調して伝えるとすれば、イタリアでは、障害のある人だけが特別視されているのではなく、障害のある人をはじめとする全ての人々に様々な権利が保障されるべきであるという考え方が存在しているということです。この考え方が根底にあることによって、イタリアではフル・インクルーシブ教育をはじめとする様々な制度が、全ての人々にとってより良いものになることを目指していることを感じました。

　現在、日本では、共生社会の実現に向けた取り組みが実践されつつあります。共生社会とは、子どもも、高齢者も、障害のある人もない人も、働いている人も働いていない人も、様々な状況や状態にある全ての人々が、お互いの人権や尊厳を大切にしながら支え合い、共に生きていく社会です。

　この日本が実現しようとしている共生社会とは、まさに「イタリア社会の根底にある全ての人を包み込もうとするインクルージョンな視点」に共通する理念だと思っています。この全ての人を包み込もうとするインクルージョンな視点が多くの人に伝わり、日頃から関わっている人や自身の生活の中に取り入れてもらうことが私たちのもう一つの願いでもあります。

　日本のインクルーシブ教育がより良く発展し、インクルージョンな視点を持った人や制度が増え、全ての人々にとって暮らしやすい共生社会になることを期待しています。

　本書の出版に際し、クラウドファンディングによる支援とIYEOチャレンジファンドによる助成を受けております。また、私たちが参加させ

ていただいた地域コアリーダープログラムの関係者の皆様、そして出版を快諾してくださったあけび書房様をはじめ、多くの方々のご支援をいただきましたことを、この場を借りてお礼申し上げます。

（中村　篤）

※おことわり

　本書を最後まで読んでいただきありがとうございました。

　2001 年 5 月に WHO（世界保健機関）が「国際生活機能分類：ICF（International Classi-fication of Functioning, Disability and Health）」を採択しました。ICF は人間の生活機能と障害の分類法として用いられています。ICF を構成する要素として「健康状態」、「生活機能（心身機能・身体構造）（活動）（参加）」、「背景因子（環境因子）（個人因子）」の 3 要素から成っており、それぞれが互いに影響し合っているとしています。これらのことから障害の有無について考える際には、当事者の状態だけでなく、当事者を取り巻く物的環境や人的・制度的環境によって障害の程度や有無は変わってくるとしています。

　上記のことから時代によっても「障害」の概念は変化し、文化や言語も異なる日本語「障害」とイタリア語「Disabilità」では概念に違いがあるのではないかと思われます。また、同じ国においてもイメージするものや感じるものに違いがあるかもしれません。本書では障害・障害者という単語をたくさん用いています。多くの方に読みやすくなるように努めました。

　本文中に使用している「障害」や「障害者」などの「害」の表記については、「害」の漢字のもつイメージから近年は「障碍」や「障がい」と表記されることがあります。今回の出版に際しても、メンバーで表記について話し合いを重ねた結果、本書では「障害」と統一して表記することにいたしました。その理由として、まず「障碍」の「碍」は常用漢字でないため一般の方にはなじみがなくかえって読みにくくなるため用いないことにしました。また、本文中には内閣府が用いている単語や、法律用語なども出てきており原文のまま使用するのが望ましく、文中で「障害」と「障がい」と 2 種類の表記が混在すると読みにくくなるため「障害」で統一しました。私たちは、障害はその人にあるのではなく、社会に属すると考えています。今後、このような考え方が広がることでインクルージョンな社会に近づいていくと信じ、活動を続けていきたいと思います。

執筆者

塘林 敬規 （ともばやし たかのり）

　社会福祉法人肥後自活団常務理事

奥 結香 （おく ゆいか）

　NPO 法人 Teto Company 理事長

勝田 茜 （かつだ あかね）

　姫路獨協大学助教、ドイツ国際平和村登録ボランティア、作業療法士

川野 琢也 （かわの たくや）

　和歌山つくし医療・福祉センターリハビリテーション室室長、理学療法士

鈴木 佑輔 （すずき ゆうすけ）

　ボランティア・コーディネーター、社会福祉士

　一般社団法人東京メディエーションセンター代表理事

徳田 千帆 （とくだ ちほ）

　株式会社スイッチオンサービス、NPO 法人 Rehab-Care for ASIA、作業療法士

中村 篤 （なかむら あつし）

　環境省国立水俣病総合研究センター、作業療法士

橋本 紗弥佳 （はしもと さやか）

　医療法人社団健仁会船橋北病院、作業療法士

平原 由梨子 （ひらはら ゆりこ）

　山梨県高次脳機能障害者支援センター、支援コーディネーター

　医療法人銀門会甲州リハビリテーション病院、作業療法士・社会福祉士

テキストデータ提供のお知らせ

　本書をご購入いただいた方で、視覚障害、肢体不自由などの理由で本書を利用することが困難な方に限り、本書のテキストデータをお送りいたします。

　希望される方は、メールアドレス coreitaly2019@gmail.com までお問い合わせください。

　テキストデータの利用は、視覚障害等の理由で本書の利用が困難な方に限り認めます。内容の改編や流用、転載、その他営利を目的とした利用は禁じます。

イタリアで見つけた共生社会のヒント

2021年5月24日　第1刷発行 ©
2021年6月9日　第2刷発行

　著　者―2019年度地域コアリーダー
　　　　　プログラム・イタリア派遣団
発行者― 岡林信一
発行所― あけび書房株式会社
　　　120-0015　東京都足立区足立 1-10-9 - 703
　　　　☎ 03. 5888. 4142　FAX 03. 5888. 4448
　info@akebishobo.com　http://www.akebi.co.jp

印刷・製本／モリモト印刷

ISBN978-4-87154-189-3　c3036